Avant de...

23 QUESTIONS A SE POSER AVANT DE CREER TON ENTREPRISE. + 14 CONSEILS ET STRATEGIES A ESSAYER AVANT D'ENVISAGER L'ABANDON.

TABLE DE MATIERE

REMERCIEMENTS 4

INTRODUCTION 6

PARTIE 1 : ENTREPRENDRE AVEC SAGESSE : 23 QUESTIONS A SE POSER AVANT DE CREER TON ENTREPRISE. 8

    Intro 9
    Chapitre 1 : Qu'est-ce qu'un entrepreneur ? 11
    Chapitre 2 : Né pour entreprendre ? 13
    Chapitre 3 : L'éducation, est-ce important ? 14
    Chapitre 4 : Quels sont vos objectifs personnels ? 16
    Chapitre 5 : Suis-je prêt à perdre mes avantages sociaux ? 17
    Chapitre 6 : Ai-je besoin d'argent ? 18
    Chapitre 7 : Comment obtenir du financement ? 19
    Chapitre 8 : Comment m'assurer de bien choisir mon concept ? ... 21
    Chapitre 9 : Dois-je observer ce que fait la compétition ? 23
    Chapitre 10 : Ai-je besoin d'un plan d'affaires ? 24
    Chapitre 11 : Combien de temps avant de générer des revenus ? ... 25
    Chapitre 12 : Combien d'heures vais-je travailler par semaine ? ... 27
    Chapitre 13 : Devrais-je réaliser mon projet seul ou avec un ou des partenaires ? 28
    Chapitre 14 : Où devrais-je ouvrir mon entreprise ? 30
    Chapitre 15 : Dois-je embaucher tout de suite ? 32
    Chapitre 16 : Quel est le meilleur moment pour commencer ? ... 34
    Chapitre 17 : Que dois-je faire pour le lancement de mon entreprise ? ... 36
    Chapitre 18 : Où veux-tu mener ton entreprise ? 38
    Chapitre 19 : Ai-je un assez gros réseau ? 39
    Chapitre 20 : Que faire après mon lancement ? 41
    Chapitre 21 : Que faire quand ça va bien ou quand ça va mal ? ... 43
    Chapitre 22 : Qu'est-ce que vous acceptez de perdre dans ce projet ? ... 44
    Chapitre 23 : Devais-je avoir un coach ou mentor dès le départ ? ... 46
    Bonis 49
    Le Conseil de Me Guillaume Lapierre 49

PARTIE 2 52

    14 conseils et stratégies à essayer avant d'envisager l'abandon. 52
    Introduction 53

Chapitre 1 : Revenons à la base 55
Chapitre 2 : Fixe toi des objectifs 57
Chapitre 3 : Établis des actions concrètes journalières 59
Chapitre 4 : Soit créatif dans ton marketing 61
Chapitre 5 : Attaque-toi au problème 63
Chapitre 6 : Économie de temps 65
Chapitre 7 : Économie d'argent 66
Chapitre 8 : L'Expérience client 68
Chapitre 9 : Maximise chaque transaction 69
Chapitre 10 : Les nouveaux clients 72
Chapitre 11 : Diversification 73
Chapitre 12 : Mon action préférée 82
Chapitre 13 : Ton attitude 83
Chapitre 14 : Fait attention à ton entourage et trouve toi un coach ou mentor
.... 84
Bonis : Le conseil de Fallon Jean, Coach PNL 87
Mot de la fin. 91
Bonis : L'Exemple de Patrice Bélaire, Consultant en Affaires 92

PARTIE 3 : ÉTUDES DE CAS 94

INTRODUCTION 95
Disney pendant la Seconde Guerre mondiale : 96
Amazon pendant la bulle internet et l'éclatement de la bulle (fin des années 1990 - début des années 2000) : 98
Netflix pendant la récession de 2008 : 100
Ford Motor Company pendant la Grande Dépression : 102
Procter & Gamble pendant la Grande Dépression : 103
Apple lors d'une période de récession économique : 105
General Electric (GE) sous la direction de Jack Welch : 107
IBM pendant la Grande Dépression : 109
Microsoft dans les années 2000 : 111
Starbucks pendant la récession de 2008 : 113
Hewlett-Packard (HP) pendant la grande dépression : 115
Coca-Cola L'entreprise a fait face à de nombreuses crises économiques : .. 117
McDonald's a survécu et prospéré à travers des crises économiques : 119

CONCLUSION 121

LE DERNIER MOT DE LA FIN 123

REMERCIEMENTS

Tout d'abord, je tiens à exprimer ma profonde gratitude envers ceux qui ont été les piliers de mon parcours, m'apportant soutien, amour et inspiration tout au long de l'écriture de ce livre.

Un immense merci à mon conjoint, Anthony, mon roc inébranlable. Mon rock quand j'ai les blues. Tu es mon supporter numéro un, toujours présent même lors de mes jours les plus difficiles. Ta foi en moi et ton amour inconditionnel ont été la lumière qui a guidé mes pas à travers les moments les plus sombres.

À ma mère, France, mon rayon de soleil et de positivité. Ton engagement envers le pardon m'a enseigné une leçon précieuse sur la puissance de la compassion. Merci de m'avoir montré la beauté de regarder toujours vers l'avant, peu importe les circonstances.

À mon père, Gianni, mon protecteur depuis le jour de ma naissance. Ton soutien indéfectible et ta croyance en mon plein potentiel ont été les fondations sur lesquelles j'ai construit mes rêves. Ta confiance en moi a été le moteur qui a propulsé mon ambition et ce moteur-là rendra jamais la Planète moins belle.

Un hommage particulier à mes grands-parents, tous des entrepreneurs passionnés et accomplis. Vous m'avez montré la voie avec vos histoires, vos succès et vos échecs. Votre héritage entrepreneurial continue de m'inspirer et de guider mes actions.

À mon meilleur ami, Yan, qui a été mon complice à travers les tempêtes de la vie. Ton humour et ta capacité à dédramatiser les situations m'ont aidé à surmonter mes moments les plus difficiles. Ta présence a été un baume pour mon âme.

À ma famille, source incommensurable d'amour inconditionnel. Votre soutien constant a été ma force motrice. Merci de m'entourer de cet amour qui transcende tous les défis.

Un merci spécial à mon équipe, les compagnons de mes aventures. Votre dévouement, votre créativité et votre loyauté sont inestimables. Malgré les défis, vous avez toujours été à mes côtés, prêts à relever chaque défi.

Merci à mes partenaires franchisés, ceux qui, malgré ces tempêtes, n'ont jamais baissé les bras et avec qui j'ai formé des amitiés inestimables.

Ensemble, vous avez été les architectes de mon succès. Merci du fond du cœur pour votre contribution à cette aventure, pour avoir partagé ce voyage avec moi. Ce livre est aussi le vôtre, et je suis infiniment reconnaissant de l'avoir parcouru à vos côtés.

Finalement, merci Marianne et Sam de m'avoir aidé à mettre au monde ce livre.

Ce livre a été écrit en votre honneur.

INTRODUCTION

Avant de…

Qui suis-je ? En résumé, je suis un jeune homme, moitié italien moitié québécois, né dans la magnifique ville de Granby, Québec, Canada.

Issu d'une famille pratiquement entièrement composée d'entrepreneurs, y compris mes deux parents, j'ai rapidement été séduit par l'idée de lancer ma propre entreprise.

Malgré avoir suivi le parcours traditionnel scolaire, y compris le cégep, je n'ai pas apprécié la voie que j'avais choisie. À l'âge de 18 ans, j'ai commencé à expérimenter avec quelques entreprises indépendantes, notamment dans les ventes.

Cependant, ma véritable école a été au sein d'une entreprise franchisée, de café bistro, ainsi que dans l'immobilier, où j'ai acquis le plus en matière de gestion et de développement. J'ai eu la chance d'avoir des patrons exceptionnels qui m'ont réellement façonné en la personne que je suis aujourd'hui.

Finalement, en 2017, j'ai décidé qu'il était temps de travailler pour moi-même, de construire mes propres rêves. En 2018, avec l'aide de mon associé Jérémie, j'ai fondé une petite boutique spécialisée dans la vente de bière. Cette entreprise, suite à ma participation à l'émission "Dans l'Œil du Dragon" en 2020, s'est transformée en franchise dès 2021 et est devenue la plus grande chaîne du genre au Québec.

Un beau succès, certes, mais qui est survenu à un moment économiquement difficile, dans la période post-pandémique. Malgré notre première place dans les sondages Léger, élue meilleure expérience client de toutes les entreprises au Québec par les consommateurs, notre réseau est confronté à un défi légendaire : la baisse du pouvoir d'achat moyen et la diminution de la consommation d'alcool.

Lorsque je me suis lancé dans l'entrepreneuriat, j'aurais aimé suivre un cours 101 sur l'avant, pendant et après. Cependant, je n'ai jamais trouvé aucun de ces cours disponibles.

Aujourd'hui, je vous offre non pas la science infuse, mais plutôt un recueil d'informations pour vous faire réfléchir. La partie 1 aborde les questions que vous devriez vous poser, ou que l'on se pose, avant de lancer notre entreprise. La partie 2, quant à elle, traite de la survie lorsque nous rencontrons des difficultés ou lorsque la conjoncture économique ou politique est instable. Dans la partie 3, une étude de cas des plus grandes entreprises est incluse afin de vous inspirer.

Avoir le courage de commencer et de continuer, voilà les deux moments les plus difficiles mais importants dans la vie d'un entrepreneur. Ce livre vous amène à vous poser les bonnes questions afin d'acquérir ce fameux courage entrepreneurial nécessaire pour mener à bien vos projets.

Vous verrez, j'ai écrit ce livre pour qu'il soit rapide à lire, direct et facile à appliquer. Par la suite, il ne vous reste plus qu'à passer à l'action pour lancer votre projet, ou à le continuer sans abandonner.

Bonne lecture !

PARTIE 1

ENTREPRENDRE AVEC SAGESSE : 23 QUESTIONS A SE POSER AVANT DE CREER TON ENTREPRISE.

INTRO

Être entrepreneur, aujourd'hui, est perçu comme une forme de « starisme », recherché, tendance, prestigieux, et tout le monde aspire à dire « je suis entrepreneur »...

Mais que signifie réellement être entrepreneur, et surtout, qu'est-ce qu'il faut pour le devenir et réussir?

Je suis moi-même né dans une famille d'entrepreneurs. À ma naissance, je n'étais pas un bébé, j'étais un projet! C'est pas peu dire!

De naître dans une famille d'entrepreneurs me plaçait devant des évidences. Petit, je regardais le baseball, à la télé, et je me disais: Je ne veux pas lancer des balles, je veux lancer ma propre entreprise.

Non seulement je constatais les avantages d'avoir sa propre entreprise, au travers la vie de mes parents et de mes grands-parents, mais je croyais que pour les rendre fiers, c'était la voie que je devais absolument suivre.

J'ai tout de même commencé par l'école, comme tous les enfants. Pas la meilleure, mais pas la pire, question de développer une petite dépendance aux fameuses galettes de la cafétéria. J'ai enchaîné jusqu'au niveau collégial sans trop de difficulté.

Cependant, en travaillant sur le marché, je me suis rapidement rendu compte que les défis n'étaient pas suffisants pour moi et que la récompense était trop petite.

Certes, j'ai grimpé les échelons et obtenu des primes, mais il manquait toujours quelque chose, je ne sais pas quoi. Je me sentais souvent aussi vide qu'un chocolat de Pâques.

J'ai réalisé des ventes de garage, des spectacles pour retraités pendant ma jeunesse, puis j'ai intégré un réseau multi-niveau.

J'ai aussi dirigé une galerie d'art pour, finalement, ouvrir un speakeasy, acheté des parts dans une entreprise de production alimentaire, pour enfin concrétiser mon plus grand projet, Tite Frette, un réseau de franchises spécialisé dans la vente d'alcool du Québec, principalement de la bière, ainsi qu'une marque de produits du même nom.

J'ai autant de cordes à mon arc qu'il y a de nids-de-poule, à Montréal!

Ayant vécu les hauts et les bas de l'entrepreneuriat personnellement, mais également en ayant observé cela avec une centaine d'entrepreneurs que j'ai coaché, je peux facilement et rapidement vous donner un aperçu des compétences nécessaires et des points à considérer avant de vous lancer en affaires, ou même avant de prendre la décision d'aller de l'avant avec votre projet.

Ce mini-guide vous aidera à vous préparer ou à prendre votre décision, que ce soit pour avancer avec votre projet ou non.

Certes, de dire « je suis entrepreneur » est attrayant. Mais, la réalité, c'est un peu comme quand la lumière ouvre, dans un bar, après avoir passé la soirée à danser avec le(la) même inconnu(e): C'est moins séduisant!

CHAPITRE 1 :
QU'EST-CE QU'UN ENTREPRENEUR ?

Faites cet exercice, copiez-collez ma question sur Google et regardez les résultats. Aucun n'est identique !

Le terme entrepreneur, ou le titre, est tellement vague au niveau de sa définition que vous risquez de vous y perdre. Il y a autant de définitions que de chiffres, après le « pi ».

Étrangement, cela démontre clairement qu'être entrepreneur n'est ni simple ni défini de manière claire comme de l'eau.

En réalité, les multiples définitions différentes montrent qu'être entrepreneur englobe une multitude de choses, de tâches et de responsabilités variées !

Si vous désirez une vie simple, sans stress, sans autant de hauts et de bas qu'il y a à La Ronde, et sans changements, ne devenez surtout pas entrepreneur !

Si vous n'aimez pas la comptabilité, la vente, ou la gestion d'employés, oubliez le projet !

Je suis sérieux... certes, vous aurez éventuellement une équipe, mais vous serez toujours à la tête de votre entreprise et devrez toujours tout valider.

Vous ne pourrez pas entreprendre sans être à l'affût de toutes les sphères de votre entreprise.

Un entrepreneur est un individu qui porte plusieurs casquettes jusqu'à la fin de ses jours ou de son entreprise. J'espère que le chapeau te fait!

C'est une personne polyvalente, ouverte d'esprit, créative, audacieuse, qui n'a pas peur du risque et qui a pleinement confiance en ses aptitudes, en lui. C'est comme être un cascadeur, sans finir dans le plâtre.

À la base, l'entrepreneur ne démarre pas ou n'achète pas une entreprise pour se proclamer entrepreneur sur tous les toits, ni pour devenir millionnaire.

Un entrepreneur, un vrai, le fait parce qu'il a un besoin fondamental ancré en lui d'entreprendre quelque chose, de créer. Il recherche une fierté d'accomplissement. Finalement… c'est une question d'égo.

Chapitre 2

Né pour entreprendre ?

Je suis moi-même né dans une famille d'entrepreneurs, donc je me considère comme né dans l'entrepreneuriat. Je suis tombé dans la potion, quand j'étais petit, mais c'était pas tout le temps magique!

Selon moi, cela m'a aidé à percevoir les avantages et à vivre des situations de gestion d'entreprises de manière indirecte.Ces situations indirectes se manifestaient lors de mes visites dans les entreprises familiales, en offrant également mon aide, mais aussi lors du retour à la maison de mes parents. Je constatais que certaines situations les affectaient plus que d'autres, ce qui m'apprenait beaucoup sur la gestion du stress et des émotions.

Si, de ton côté, tu n'as pas été élevé dans une famille d'entrepreneurs, ne t'inquiète pas… ce n'est pas un indicateur de succès, loin de là. Cela peut être bénéfique, mais ce n'est pas indispensable.

Un enfant élevé dans un contexte d'emplois risque d'apprécier le calme que ses parents ont vécu lors de leur retour à la maison, la tête reposée, à moins d'avoir des parents axés sur la performance qui ramenaient leur travail à la maison. Ça te donne un bon indice, si tu voyais ta mère vouloir couper les carottes plus vite que ton père, pour faire le potage.

Le scénario idéal, selon moi, est celui où l'enfant est exposé aux deux. Cet enfant pourra vivre les émotions liées à l'exploitation d'une entreprise ou à l'exercice d'un emploi, ce qui l'aidera dans son choix plus tard dans sa vie.

CHAPITRE 3 :
L'EDUCATION, EST-CE IMPORTANT ?

Va à l'école", nous ont dit nos parents! "Fais tes devoirs »!

«Aie de bonnes notes » (surtout si tu étudies en musique…)

Tout le monde tient le même discours, pendant notre enfance, et parfois cela devient irritant, n'est-ce pas ? Mais sachez que vos parents ont raison, d'une certaine façon, mais pas celle que vous pensez.

En réalité, l'apprentissage, l'éducation et la théorie font partie intégrante de tout parcours entrepreneurial.

Au départ, il faut maîtriser le français ou l'anglais pour lire les documents, approuver les rapports, ou encore écrire à des clients et fournisseurs. Si les Égyptiens s'en tiraient drôlement bien grâce aux hyéroglyphes, je te confirme que tu n'iras pas aussi loin, avec des paragraphes d'emojis!

Il faut des compétences mathématiques de base pour calculer nos marges, rendre la monnaie et régler des factures.

Enfin, il est essentiel d'avoir une connaissance approfondie de notre domaine d'activité. Par exemple, si j'ai une entreprise d'électricien, il me faut une formation pour éviter tout risque d'électrocution. C'est avec les clients qu'ils veulent que le courant passe!

Donc, je ne dis pas ici que vous êtes obligé d'aller jusqu'à l'université et d'être en tête de votre classe, à moins que cela ne soit nécessaire pour l'entreprise que vous aimeriez démarrer !

Et si vous avez suivi des études 'pour rien', je vous confirme que vous avez tort.

Chaque cours que vous prenez vous aide à voir les choses différemment, à élargir vos connaissances, et je vous garantis qu'éventuellement, vous risquez d'utiliser une notion qui justifiera tout le temps passé à étudier ce sujet.

En fin de compte, je crois que les études nous aident à nous découvrir, à identifier nos passions et c'est souvent dans ces environnements que les plus grands entrepreneurs ont rencontré leurs futurs partenaires d'affaires.

CHAPITRE 4

QUELS SONT VOS OBJECTIFS PERSONNELS ?

Sérieusement, il faut connaître ces objectifs personnels avant de se lancer.

Le faites-vous pour les bonnes raisons ? Cette question permet de voir si vous allez avoir des déceptions en cours de route.

Vous devez comprendre que l'objectif personnel va directement affecter la performance dans votre entreprise, car les résultats seront aussi bons que votre capacité à vous donner et à 'vouloir' atteindre vos objectifs.

Le 'pourquoi' vous le faites est la base fondamentale de votre énergie.

Certes, votre énergie provient d'une bonne alimentation, de l'exercice et du repos… mais savez-vous que votre détermination joue un rôle important dans cette aventure ? La détermination, c'est le moteur qui te lâchera jamais en plein milieu de l'autoroute.

Lorsque vous aurez à y mettre des heures supplémentaires, remplacer un employé malade, ou encore aller à un événement pour promouvoir votre entreprise et que vous n'en avez pas envie… et bien votre volonté d'atteindre vos objectifs personnels sortira. Si elle n'est pas motivante, je vous laisse imaginer la suite…

CHAPITRE 5

SUIS-JE PRET A PERDRE MES AVANTAGES SOCIAUX ?

Bonne question ! En tant qu'employé, vous bénéficiez de plusieurs avantages que vous perdrez en tant qu'entrepreneur.

Vous n'aurez plus de vacances payées, à moins de les financer vous-même.

Vous ne bénéficierez plus de l'assurance chômage, à moins de souscrire une assurance salaire.

Vous ne disposerez plus de congés maladie, à moins de décider de financer vous-même ces journées-là.

Vous n'aurez plus d'assurances, à moins d'en acheter pour les employés et de vous inclure, mais avec des limitations pour vous.

Vous serez le premier à réduire votre salaire en cas de problème, à moins de pouvoir licencier des employés et de gérer votre entreprise seul.

Vous serez appelé à remplacer vos employés malades... vous ne pourrez pas vous refuser à vous-même.

Des bonnes nouvelles en veux-tu, en v'là!

C'est malheureusement la réalité, et il faut être à l'aise avec cette décision. Posez-vous la question avant d'entamer le projet. Si vous êtes d'accord avec tous ces points, alors foncez!

CHAPITRE 6

AI-JE BESOIN D'ARGENT ?

Tu as sûrement entendu le concept de ''pour faire de l'argent, il en faut'', n'est-ce pas ?

Eh bien, je te dirais que c'est plutôt vrai…Un concept que tu peux comprendre assez rapidement, au Casino, quand tu dois avoir 3,75$ pour avoir ta propre argent!

Bref!

Certains vont dire ''pas vrai, tu peux commencer par utiliser ce que tu as'' ! Ok, prenons cet exemple : tu as une tondeuse, tu veux commencer à tondre la pelouse de tes voisins. Ça te prend du gaz ? À moins qu'elle soit électrique et que tes parents couvrent la charge.

Disons que tu veux pelleter la neige et que la pelle est brisée, réussiras-tu à en trouver une autre ? Parce que pelleter un stationnement, sans pelle, ça te brise une paire de mitaines!

Et ne parlons pas des projets plus importants comme ouvrir un restaurant ou une boutique, c'est impossible sans argent, que ce soit le tien ou celui d'un autre.

Dans tous les cas, il te faudra de l'argent, surtout si tu veux développer ton entreprise.

L'idée de demander de l'aide, de solliciter un soutien financier t'effraie? Car tu devras le faire, à plusieurs reprises, au cours de ta carrière d'entrepreneur et c'est normal, en fait, cela doit devenir acceptable pour toi. Tu devras te sentir aussi à l'aise de ramasser des sous que Mario Bros l'est dans chaque monde qu'il traverse.

CHAPITRE 7

COMMENT OBTENIR DU FINANCEMENT ?

Si tu détermines que tu n'as pas assez d'argent, tu devrais faire l'une des quatre actions suivantes :

1. Vendre tes biens ou actifs.
2. Trouver un ou des actionnaires investisseurs.
3. Faire une levée de fonds.
4. Emprunter à la banque.

Vendre tes biens, c'est simple... tu fais le tour de ta maison et tu vends tout ce dont tu as besoin. Si tu as besoin de plus d'argent, regarde pour vendre des actifs plus importants, tels que ton automobile ou même ta maison. Tes skills de Monopoly vont finir par te rapporter, promis.

Si cela ne te dérange pas d'avoir des partenaires, présente ton projet à des investisseurs potentiels. Il peut s'agir d'amis, de membres de la famille ou encore de personnes d'affaires que tu connais et qui pourraient être intéressés par ton entreprise. Ici, tu devrais leur prouver que ton projet peut être rentable.

Tu as également la possibilité de faire une levée de fonds, une campagne de sociofinancement. C'est un concept très populaire qui demande un peu de créativité, mais qui fonctionne ! Il aide également à faire connaître ton concept avant même le lancement. Il existe même des plateformes quasi gratuites disponibles via une simple recherche Google.

Enfin, la dernière option est d'emprunter à la banque. Je vous propose ici de le faire en dernier recours.

La raison est simple. Dans les trois premières options, tu ne dois rien à personne et tu ne paies pas d'intérêt élevé. Tu pourrais penser que c'est plus simple... oui et non. Oui, car les banques sont là pour faire de l'argent et vont probablement te prêter un montant. Non, car ce n'est pas si simple que cela. Tu devras fournir plusieurs documents et passer à travers une étape stressante dans la création de ton entreprise. Si la banque refuse et que tu n'as pas mis en œuvre les trois premières suggestions, tu pourrais être démotivé pour continuer ton projet.

Un entrepreneur est une personne qui n'a pas peur d'entreprendre, n'est-ce pas

? Alors, fais les trois premières actions avant de tenter la dernière.

Chapitre 8

Comment m'assurer de bien choisir mon concept ?

C'est à la fois stressant et excitant. Tu dois choisir un domaine à fort potentiel et dans lequel tu peux et veux travailler. Ne te démarre pas une entreprise de clous si tu cognes des vis, dans le mur!

Ton choix doit être validé par le marché et t'enthousiasmer à chaque fois que tu y penses, comme on s'enthousiasme du premier 6 degrés Celcius, en plein mois de Mars!

Les experts disent qu'il y a deux types d'entreprises : celles qui créent quelque chose de complètement nouveau et celles qui améliorent un concept existant.

Les deux sont tout aussi bons et nobles. Cependant, le premier demandera probablement plus d'efforts car c'est nouveau et donc méconnu. Mais, et il y a un gros "mais" ici, tu auras un concept ou produit unique sur le marché, ce qui le rend attrayant.

Améliorer un concept, produit ou service existant offre déjà une base sur la façon de faire les choses, et vous venez simplement l'améliorer. Vous avez donc une meilleure idée de la performance et du résultat pouvant être atteints.

Je vous recommande vivement de discuter de vos idées avec un expert consultant, un entrepreneur en qui vous avez confiance, ou encore une organisation telle que votre chambre de commerce locale.

Vos amis peuvent être consultés, mais souvent ils seront trop favorables et ne vous apporteront pas suffisamment de changement.

Et pour une discussion des plus objectives, ton chien reste la meilleure solution! Je ne garantis rien, pour la suite.

En ce qui concerne votre famille, il y a deux possibilités. La première, c'est qu'ils vous soutiennent et vous mettent légèrement au défi pour votre bien. La deuxième, c'est qu'ils vous découragent par souci de vous protéger de l'échec, une fois de plus dans le but de vous protéger.

CHAPITRE 9

DOIS-JE OBSERVER CE QUE FAIT LA COMPETITION ?

Absolument.

En fait, c'est essentiel en affaires d'analyser la compétition. Je vous suggère également de tout documenter et de l'inclure dans votre plan d'affaires.

L'analyse de la compétition vous aidera à mieux comprendre où vous pouvez vous démarquer. Qu'est-ce que votre concurrent fait bien et qu'est-ce que vous pouvez améliorer ?

Avez-vous un concept novateur ou une copie conforme ?

Comprenez qu'une copie conforme fera en sorte que le client examinera trois choses : le choix, le prix et le service.

Tandis qu'un concept novateur attirera sa propre clientèle, et le client paiera votre prix sans comparer.

Pour trouver la compétition, je vous suggère de faire une recherche Google, mais également de parler à des personnes de l'industrie afin d'obtenir des pistes (pas des pistes de courses).

Qui, selon eux, sont les meilleurs et les moins bons dans votre domaine? Analysez-les tous.

Assurez-vous également de bien connaître votre compétition locale, car elle sera votre concurrente directe et pourrait vous causer le plus de tort si vous n'êtes pas bien préparé.

CHAPITRE 10

AI-JE BESOIN D'UN PLAN D'AFFAIRES ?

Tu ne vas probablement pas aimer la réponse... OUI, tu en as besoin d'un.

En fait, c'est la partie la plus fastidieuse de démarrer une entreprise. Pourquoi ? Parce que c'est long à faire. Cependant, c'est une partie importante du processus, autant pour toi que pour les autres à qui tu vas parler du projet et souhaiter qu'ils s'impliquent. Que ce soit un investisseur, un actionnaire, ou encore la banque pour un financement.

Le plan d'affaires t'aide aussi à valider que tu n'as rien oublié, comme ta mère et sa liste, quand tu partais 1 semaine dans un camp de vacances. Il est important d'utiliser un modèle. Tu peux en trouver sur le site web de la BDC (Banque de développement du Canada) ou encore via une simple recherche Google.

Même si c'est long et ennuyeux, prends le temps de bien le faire et révise-le quelques fois. La qualité de ton plan t'aidera tout au long du processus.

CHAPITRE 11

COMBIEN DE TEMPS AVANT DE GENERER DES REVENUS ?

Combien de temps avant de générer des revenus? La fameuse question à 100$! Quoi? Il faut payer avant d'en gagner!

Chaque nouvel entrepreneur rêve du moment où il pourra acheter sa Porsche ou encore, son condo dans le sud.

Il s'imagine déjà manger dans les plus grands restaurants et voyager à travers le monde !

La réalité est bien différente pour la plupart des entrepreneurs.

Le plus grand restaurant où tu risques de manger, au départ, c'est un McDonald sur deux étages. Et les voyages? Ils se passeront d'une autoroute à l'autre!

Les propriétaires sont souvent les derniers récompensés pour le dur labeur qu'ils entreprennent.

Chaque chose en son temps, dit le grand sage.

Premièrement, l'entreprise doit être en mesure de payer ses comptes et dépenses avant de pouvoir rémunérer son propriétaire. N'oubliez pas qu'une entreprise est un investissement à moyen et long terme.

Certes, vous serez en mesure de vous verser un salaire de base, et éventuellement raisonnable, mais c'est lorsque vous aurez créé une clientèle stable et fidèle, et que vous aurez acquis une saine gestion financière, que vous pourrez envisager de vous augmenter à un salaire intéressant.

Je ne voudrais surtout pas ternir vos ambitions, car il se peut que vous soyez un gestionnaire incroyable, que vous ayez l'idée du siècle et que votre entreprise connaîsse un succès fulgurant. Cependant, vous constatez bien que la majorité des entrepreneurs se situent dans la classe moyenne ou basse... ainsi, les chances ne sont pas nécessairement en votre faveur.

Avez-vous le désir, l'énergie et la volonté de persévérer à travers les moments difficiles ? Avez-vous la capacité mentale pour surmonter les montagnes russes financières du démarrage d'une entreprise ? Êtes-vous prêt à payer un employé et à ne pas vous verser de salaire si nécessaire ? Selon moi, seuls ceux qui peuvent répondre oui à ces questions réussissent.

Chapitre 12

Combien d'heures vais-je travailler par semaine ?

Pour commencer, tu risques de travailler 7 jours par semaine. Pour finir, tu risques de travailler 7 jours par semaine. Et s'il y avait 9 jours, dans une semaine? Tu travaillerais 9 jours!

Les entrepreneurs travaillent toujours… même lorsqu'ils sont en vacances.

Vous serez dans l'avion et vous aurez des idées pour votre entreprise. Vous serez dans votre Airbnb en Thaïlande et vous serez dérangé à 2 heures du matin pour une problématique à votre bureau qu'un employé ne sait pas comment régler. Vous irez à un dîner romantique et il y a plus de chances que votre employé vous pose plus de questions que la *date* devant vous.

Vous comprenez ?

La seule situation où vous pouvez travailler un nombre fixe de jours par semaine, c'est lorsque vous travaillez pour un autre entrepreneur ou une autre entreprise.

Si vous croyez que « ça va rouler tout seul » ou que vous pourrez travailler une semaine de 4 jours, oubliez le projet tout de suite.

CHAPITRE 13

DEVRAIS-JE REALISER MON PROJET SEUL OU AVEC UN OU DES PARTENAIRES ?

La grande question, n'est-ce pas ? Dois-je tout faire moi-même afin d'en retirer tous les profits, ou devrais-je inclure un ou deux partenaires d'affaires afin de limiter mes responsabilités, ou du moins les séparer ?

Je n'ai pas la réponse ultime ici, seulement mon expérience. Personnellement, je n'aurais jamais pu accomplir ce que j'ai réalisé avec mon plus gros projet, Tite Frette, sans mes associés.

Bien que je sois le président de mon entreprise, le soutien de Jérémie, est plus qu'important pour moi et la réussite globale de notre projet.

Dès l'instant où ils se sont joints à moi dans l'aventure (car oui, j'avais initialement commencé seul), cela n'a été que du positif.

Ils ont tous les trois apporté des forces inestimables que j'aurais mis plusieurs années à maîtriser. Pas un gym aurait pu m'apporter autant de force!

Je sais que beaucoup ont peur de « tomber sur un mauvais »… et malheureusement, cela peut arriver.

L'aventure peut également très bien commencer et mal finir, tout comme elle peut bien fonctionner jusqu'à votre retraite ou la vente du projet.

Je pense ici que la décision ne doit pas reposer sur l'argent ni sur la peur, mais plutôt sur vos besoins.

Quand je parle de besoins, je fais référence à vos forces et aptitudes, par rapport à ce qui sera nécessaire pour le succès de l'entreprise.

Si, par exemple, vous avez un côté visionnaire, rempli d'idées et que vous sautez d'un projet à l'autre… et bien il vous faudra une personne plus cartésienne, organisée et structurée afin de soutenir votre projet jusqu'à son épanouissement.

C'était le cas, pour Jérémie et moi. Le ying et le yang.

Une autre nécessité est l'argent. Si vous avez l'argent nécessaire pour démarrer et même faire grandir votre projet, tant mieux. Sinon, un investisseur ou actionnaire passif apportant un soutien financier pourrait être un bon ajout à l'équipe.

N'oubliez pas que s'il a accumulé cet argent, il doit avoir une certaine compréhension de sa gestion, ce qui pourrait bénéficier à l'entreprise.

Ma réponse peut sembler vague, mais il faut comprendre que les deux options sont valables. Les deux offrent des avantages et des opportunités.

Personnellement, je préfère y aller à deux, pour la simple raison que nous pouvons partager les succès et diminuer l'impact des échecs.

CHAPITRE 14

OU DEVRAIS-JE OUVRIR MON ENTREPRISE ?

C'est définitivement une bonne question. Dans quelle ville ? Dans quel local ? Physique ou en ligne ? Bref, de bonnes questions, c'est certain. Les choix suite à ces questions auront clairement plus d'impact que les choix que tu peux faire en jouant aux Sims!

La première chose que vous devez décider, c'est si c'est nécessaire d'avoir un emplacement physique ou si en ligne peut suffire.

Le lieu physique est important lorsque vous avez de l'inventaire ou devez recevoir des personnes. Sinon, travailler à la maison ou dans un espace de bureaux partagés, aussi appelé co-working, pourrait être une possibilité.

Si c'est juste pour avoir de l'inventaire et non recevoir des clients… considérez un entrepôt, c'est pas mal moins cher qu'un lieu pignon sur rue.

Dans le cas inverse, où vous devez recevoir les clients, il faudra bien choisir. Voici quelques critères à prendre en considération.

Premièrement, la ville, ainsi que le secteur de la ville. Vous devez décider quelle ville sera propice à votre succès, généralement en faisant quelques recherches sur le type de client qui achètera votre produit ou service, et cibler où ils sont.

Le secteur doit être ciblé, mais aussi visible et accessible, donc soyez autant attentif à votre clientèle visée qu'à l'emplacement de votre local désiré.

Idéalement, optez pour un prix abordable et un espace plus petit plutôt que plus grand, il vous sera toujours possible plus tard de déménager, et il sera plus facile de le rentabiliser. Si vous avez la possibilité d'acheter votre bâtiment… c'est toujours une excellente idée.

Finalement, les statistiques de la population sont importantes. Quels sont vos besoins, qui est votre clientèle cible ? Cette question vous aidera à voir si la ville choisie est un bon emplacement ou non. Par exemple, si c'est un projet qui plaira uniquement aux personnes âgées et que c'est une ville ou un secteur uniquement d'étudiants… Et bien, il faudrait évaluer aller ailleurs.

CHAPITRE 15

DOIS-JE EMBAUCHER TOUT DE SUITE ?

La question se pose, et la réponse dépend du type d'entreprise que vous avez.

Si vous avez une entreprise où vous êtes la seule personne qui offre le service, comme un professionnel, un comptable par exemple, ou un massothérapeute... selon moi, vous devriez commencer seul, et en fonction de la demande, envisagez par la suite de vous dupliquer (pas se dupliquer comme un Avengers pourrait le faire, évidemment) ou, d'avoir une équipe de support.

Si vous avez une boutique ou un magasin, cela dépendra de la taille du magasin et des services offerts. Si le client fait ses emplettes librement et que l'essentiel du travail consiste à gérer la caisse, réorganiser les produits et répondre à quelques questions, allez-y seul pour commencer et augmentez progressivement votre équipe.

À moins d'avoir un très grand magasin, dans ce cas, il faudra peut-être engager quelques employés.

Enfin, si c'est une entreprise comme un restaurant, une clinique ou un spa, il est fort probable que vous ayez besoin d'un employé pour chaque section, en cuisine, au service, etc., ou à l'accueil, en traitement et à l'entretien.

La réponse dépendra donc du style de votre entreprise. Cependant, mon conseil est d'y aller graduellement.

N'oubliez pas que la masse salariale devient souvent la dépense la plus importante d'une entreprise, il faut donc faire très attention à ne pas aller trop vite dans l'agrandissement de l'équipe.

Il est préférable de s'assurer de rentabiliser chaque poste, d'abord et avant tout

! Vaut mieux ne pas « jetter son argent par les fenêtres » et, pire encore, que ce soit un ou une employé(e) qui tienne la fenêtre grande ouverte!

CHAPITRE 16

QUEL EST LE MEILLEUR MOMENT POUR COMMENCER ?

Si tu parles ici de l'âge, il n'y a pas de meilleur moment ; tu peux commencer ton projet d'entrepreneuriat aussi jeune ou vieux que tu le souhaites. Tu peux avoir 5 ans et avoir comme projet d'écouter Shrek environ quatre fois, dans la même journée. Mais ça…

Si tu commences plus tard, dans la vie, je dirais que le seul inconvénient c'est d'avoir à repousser la retraite si le projet ne démarre pas aussi rapidement que prévu. Malheureusement, c'est un risque en affaires car nous n'avons pas de boule de cristal qui nous prédit les résultats à l'avance. Et si on avait la boule, encore faudrait-il savoir comment la lire!

Cela étant dit, je crois que c'est noble et excitant de démarrer un projet à n'importe quel moment de notre vie.

En ce qui concerne le moment dans l'année pour une ouverture optimale… selon moi, cela dépend des secteurs d'activités.

Si, par exemple, tu es un comptable, démarrer en pleine période d'impôt sera trop occupé et difficile à gérer. Si ton travail c'est de compter, à ce moment-là, tu n'aurais au moins pas besoin de compter les moutons avant l'dodo! Ici, ce serait plus logique de débuter avant la période d'impôt.

De même pour une boutique, dans un monde idéal, tu veux ouvrir avant ta période la plus achalandée de l'année, afin de te faire les dents et d'être prêt à en profiter pleinement.

Pour un restaurant, par exemple, il faut éviter d'ouvrir en janvier, car c'est le début de la saison morte.

Bref, pour cette question, je vous suggère de parler à des entreprises similaires à la vôtre ou encore à votre chambre de commerce locale qui pourra vous aider à bien choisir.

CHAPITRE 17

QUE DOIS-JE FAIRE POUR LE LANCEMENT DE MON ENTREPRISE ?

Je crois beaucoup en un lancement d'entreprise organisé et soutenu. Selon moi, un « soft launch », souvent appelé ouverture ou soirée avec amis et famille, est super pour tester son équipement et son équipe, cependant cela ne devrait pas durer plus d'une soirée ou journée.

Rapidement, le lancement de votre entreprise doit faire autant de bruit que le voisin qui passe sa tondeuse trop tôt un dimanche matin. C'est une question d'annoncer votre arrivée en ville !

Plus vous allez faire parler de vous, plus vous allez avoir un succès rapide et soutenu.

Le marketing, c'est une question d'impact. Il faut attirer l'attention d'un maximum de gens en plus de les faire venir essayer ce que vous avez à offrir. De plus, il faut que l'expérience soit parfaite dès la première fois si vous voulez les inciter à revenir. Sortez un lapin de votre chapeau, même si vous êtes allergique aux lapins!

Je vous dirais de commencer par une petite recherche sur votre clientèle cible et de déterminer quels médias seront les plus propices.

Par exemple, si vous avez un produit pour enfant, les médias sociaux seront le meilleur endroit pour les atteindre. À l'inverse, si vous visez les personnes âgées, alors je proposerais les journaux.

Vous pouvez toujours faire un mix afin de tester l'impact. Par exemple, en cas d'incertitude, vous pouvez répartir votre budget sur différentes plateformes publicitaires.

Un sur Facebook, un dans les journaux et un à la radio. Quoi que le hibou peut toujours servir, si tu sors directement d'Harry Potter.

Assurez-vous de noter l'information. Il est primordial de savoir quel média a fonctionné pour attirer la clientèle.

Vous pouvez le faire de deux façons, la première étant de l'écrire dans un tableau, simplement en le demandant à la caisse ou à l'entrée. La deuxième étant d'avoir un code promo attaché à votre annonce.

Ne sous-estimez pas l'imprimé, ce qui inclut flyers, accroche-porte et affiches sur deux par trois ou encore les drapeaux. Après tout, le célèbre « coche oui ou coche non » part… de l'imprimé!

Finalement, le lancement, je dirais même le premier mois, doit être wow.

Il doit y avoir un petit plus festif qui annonce le grand départ. Vous devez créer une excitation qui rend vos nouveaux clients choyés d'avoir été les premiers présents.

Fête, musique, dégustation ou essai de produits ou services, gratuité ou promotion spéciale pour l'ouverture, expérience à durée limitée, animation et j'en passe.

Le lancement doit être parfait, ne pensez pas trop petit!

CHAPITRE 18

OU VEUX-TU MENER TON ENTREPRISE ?

Plus tôt, nous avons parlé d'objectifs personnels. Eh bien, maintenant je te demande, quel est ton objectif d'affaires, ou pour ton entreprise ?

Cette question est aussi importante que la question de ton objectif personnel, mais très différente. Cette question doit avoir la même importance que « Est-ce que j'ai fermé l'four? », quand tu viens de partir de chez toi.

Un objectif personnel peut être atteint via plusieurs projets. Ton objectif d'entreprise est dépendant de ton entreprise elle-même.

Quel serait ton souhait ultime pour ton entreprise? À quel niveau désires-tu l'apporter? Par exemple, désires-tu avoir des employés ou toujours être présent

? Désires-tu qu'elle soit autonome ou pas ? Désires-tu avoir un point de vente ou plusieurs? Rester corporatif ou franchiser le concept ? Désires-tu la garder pour toujours ou la vendre ? La garder locale ou la rendre internationale ?

Traditionelle ou crémeuse? Oups, mauvais endroit.

Ces questions devraient être répondues avant de passer à l'étape des actions concrètes car elles seront reliées.

CHAPITRE 19

AI-JE UN ASSEZ GROS RESEAU ?

Vous pourriez dire, je n'ai pas besoin de réseau ! Bien, je crois ici que vous avez tort.

Vous voyez, votre réseau est, selon moi, un indicateur premier de votre capacité à vous vendre et à vous connecter avec les humains.

Si vous n'avez « pas d'amis", il y a probablement une raison... et ce n'est probablement pas ce que vous pensez. En affaires, le réseau dans ta propre vie est aussi important que le réseau dans un téléphone.

Tout au long de votre vie, vous rencontrerez des gens. Ces personnes deviendront à prime abord des connaissances.

Un ami, c'est une personne que vous prenez le temps de connaître, vice versa, et qui prendra le temps de prendre de vos nouvelles de temps en temps habituellement via un café, un dîner ou une activité. L'ami, vous allez l'inviter à votre mariage. La connaissance non.

J'aimerais attirer votre attention aux amis ici. Si vous vous mariez demain matin, combien d'amis allez-vous avoir à votre mariage ? Vous voyez, bâtir un réseau, c'est comme bâtir de l'amitié...

La différence, c'est que nous le faisons spécifiquement avec des gens d'affaires ou en affaires.

C'est en fait très simple. Vous le faites en restant en communication avec eux, d'une façon plus humaine qu'une simple demande d'amis Facebook.

Ces gens-là sont définitivement plus faciles à trouver qu'un Starbucks dans un vieux village fantôme. Tous propriétaires d'entreprise, hauts dirigeants, etc. Via les chambres de commerces ou encore les services d'aide aux entreprises locaux.

Je vous recommande également de vous focaliser sur votre secteur d'activité, vos futurs fournisseurs ou collaborateurs par exemple.

Faire l'effort de créer un réseau de contacts avant de lancer son entreprise fera en sorte que plus de gens parleront de votre projet dans votre ville ou secteur d'activité.

CHAPITRE 20

QUE FAIRE APRES MON LANCEMENT ?

Vous allez probablement connaître un creux. Le lancement est souvent très occupé et donc motivant, mais peu de temps après, vous allez vivre votre premier creux. Ne paniquez pas !

Il est facile de tomber rapidement dans l'inquiétude et ensuite la déprime ; d'ailleurs, c'est un ressenti auquel vous allez fréquemment faire face en tant que nouvel entrepreneur !

Il est temps de sortir votre plan d'action de 90 jours et de le mettre en place. Je mentionne ici 3 mois et non 1 à 5 ans.

Il est certainement important d'avoir des objectifs à long terme, mais dans une nouvelle entreprise, c'est comme ta gang d'amis(es), au secondaire: Ça change rapidement!

Vous êtes en période d'apprentissage et d'adaptation. Visez donc le court et moyen terme.

Les résultats arriveront avec la constance des actions et la détermination. Vous devez donc fixer vos objectifs et y attacher vos actions.

Pour les objectifs, je parle de résultats concrets : réservations ou nombre de clients par jour, ventes, moyenne de facturation, récurrence des clients, événement lié à votre secteur, etc.

Ils doivent être liés à votre secteur d'activité.

Les actions, elles, doivent être simples et répétées : avoir un plan marketing, un plan de tâches à accomplir, des personnes à contacter ou un aménagement dans votre établissement.

Ensuite, faites-le. Pas d'excuses, vous passez à l'action et vous suivez votre plan pendant 90 jours.

À la fin des trois mois, analysez, améliorez votre plan, confirmez vos objectifs, et commencez un nouveau plan de 90 jours.

CHAPITRE 21

QUE FAIRE QUAND ÇA VA BIEN OU QUAND ÇA VA MAL ?

Continuez de vous fixer des objectifs et poursuivez votre plan d'action que vous avez peaufiné au fil du temps.

Il est primordial de ne jamais interrompre vos actions et leur amélioration. Pourquoi utiliser une clé pour ouvrir une porte quand tu peux tout défoncer seulement avec la discipline?

Si ça va mal… eh bien, continuez également ! Cependant, révisez plus attentivement votre plan d'action. Est-il assez concret ? Assez intense ou trop simple ? Avez-vous sincèrement suivi votre plan à la lettre ? Qu'avez-vous manqué ?

Si après toutes ces questions vous êtes toujours dans le néant, consultez un expert, qu'il soit membre de votre chambre de commerce, un entrepreneur à succès, ou encore un consultant d'affaires si vous en avez les moyens.

Une chose est certaine, la révision de vos résultats tous les 90 jours est cruciale afin de déterminer si vous devez changer quelque chose ou continuer.

Chapitre 22

Qu'est-ce que vous acceptez de perdre dans ce projet ?

Oh là là, c'est une question qui fait peur, n'est-ce pas? On ne parle ici de juste perdre son trousseau d'clés dans le fond de sa sacoche!

Eh bien, c'est malheureusement une réalité. Oui, plusieurs entreprises ferment leurs portes après une courte période… je dirais même que si vous faites des recherches, vous allez voir que c'est la majorité !

Cette statistique est effrayante, en effet, vous devez donc vous y préparer mentalement, juste au cas où.

Votre plan d'affaires inclut la question sur vos actifs afin de valider à la banque ce que vous avez en garantie... Mais êtes-vous prêt à les mettre sur la ligne ?

Argent personnel, caution via vos actifs, vos dettes seront fort probablement garanties. Et si ça ne va pas bien... Vous allez devoir y mettre plus de votre argent, vendre ou emprunter. Quelles sont vos limites ?

Écoutez bien, vous avez toujours la possibilité d'avoir du succès... Mais il se peut que ce soit aussi long que Compostelle !

Il se peut que vous deviez passer au travers de montagnes russes financières avant de vous y rendre... Êtes-vous prêt aux sacrifices? Si vous avez une petite famille, des enfants surtout, avez-vous les reins solides?

Prenez le temps de bien comprendre vos obligations, vos cautions et garanties personnelles et ce qui arrive si jamais vous devez mettre la clé à la porte avant de commencer.

En passant, c'est pour cela que je suggère toujours aux gens qui désirent être entrepreneurs de commencer le plus jeune possible, là où vos engagements et responsabilités sont à leur plus bas.

CHAPITRE 23

DEVAIS-JE AVOIR UN COACH OU MENTOR DES LE DEPART ?

La réponse est oui. Laisse-moi t'expliquer la différence entre les deux.

Un coach, c'est une personne qui t'aide avec ton entreprise, les objectifs fixés et la recherche de stratégies ou solutions.

Un mentor, c'est une personne qui t'aide, toi, l'entrepreneur. Il est comme un psychologue. Il t'aide à avoir la bonne posture, le bon 'thinking'.

Les deux sont généralement des entrepreneurs expérimentés. Ils ont un beau parcours et une belle expérience à partager. Généralement, un très gros réseau également qui pourrait vous être utile.

Un mentor est généralement gratuit ou proche, versus un coach qui a généralement un taux horaire.

Un mentor vous parlera une à deux fois par mois, versus un coach qui vous parlera à chaque moment nécessaire pour l'atteinte de vos objectifs. Il peut être à temps partiel voire à temps plein sur votre projet dépendamment de l'ampleur.

Mon dernier conseil.

Il est certainement motivant et gratifiant d'être entrepreneur... mais cela reste que ce n'est pas pour tout le monde.

La réalité est que la majorité des nouvelles entreprises ne durent pas plus d'un an ou deux.

La raison est simple!

Trop souvent, le jeune entrepreneur non expérimenté s'attend à avoir des résultats trop rapides et faciles par rapport à la réalité. As-tu déjà vu quelqu'un aller au gym une fois et avoir la carrure de The Rock, le lendemain?

Les jeunes entrepreneurs ou premiers entrepreneurs n'ont souvent pas la patience et la détermination nécessaires pour arriver à terme. Pour écrire des plans d'action et les suivre mois après mois pendant des années sans arrêt.

Le nouvel entrepreneur agit souvent comme un employé, il ne comprend pas que c'est l'entreprise et que sans son effort continu, il n'y arrivera pas.

Trop souvent, il manque de confiance pour continuer même si les efforts ne sont pas là, il ne comprend pas que son temps viendra mais que les résultats sont le fruit d'actions continues et soutenues.

Avant de vous lancer en affaires, vous devez vous assurer de vous poser les questions suivantes ;

- Êtes-vous sincèrement prêt(e) ? Avez-vous assez d'argent de côté pour vivre au moins un an sans salaire si votre projet ne lève pas ?

- Êtes-vous vraiment prêt(e) à travailler 7 jours sur 7 pendant 6 mois à 2 ans si il le faut ? Sans aucune vacance…

- Faites-vous vraiment votre projet pour la passion, le désir de créer, ou est-ce uniquement pour l'argent ?

- Êtes-vous une personne ouverte, à l'écoute, prête à changer et à s'adapter au besoin pour évoluer dans votre entreprise selon les besoins de la clientèle, l'économie et les tendances ?

- Êtes-vous capable de prendre vos responsabilités, comprendre que vous êtes au contrôle de votre entreprise et que ce n'est pas la faute de personne sauf vous ?

Je crois sincèrement que l'entrepreneuriat est l'une des plus belles carrières au monde, mais ce n'est pas pour tout le monde.

Dans un monde où nous avons appris à avoir de la gratification immédiate pour quasiment pas d'effort, c'est un concept difficile à avaler de savoir que pour une fois dans notre vie, notre désir n'arrivera pas si facilement que ça.

Cependant, si vous avez la détermination et la volonté… vous pourrez créer la plus belle chose au monde, votre entreprise à vous, votre succès.

BONIS

LE CONSEIL DE ME GUILLAUME LAPIERRE

ASSOCIÉ DU DÉPARTEMENT DE DROIT DES AFFAIRES
CHEZ THERRIEN COUTURE JOLI-COEUR S.E.N.C.R.L.

Les avantages d'incorporer son entreprise[1]

Pour Me Guillaume Lapierre, associé du département de droit des affaires chez Therrien Couture Joli-Cœur S.E.N.C.R.L., incorporer sa société permet de créer un patrimoine distinct de celui de ses actionnaires. Ainsi, la société possède des éléments d'actifs et de passifs distincts, permettant aux actionnaires, en cas de difficultés financières de l'entreprise, de mettre à l'abri leurs biens personnels contre les recours des créanciers. Il s'agit d'une protection non négligeable pour les actionnaires de la société qui bénéficient d'une responsabilité limitée à ce qu'ils ont investi dans la société, le tout sous réserve d'exceptions.

Par le patrimoine distinct, la distinction entre la société et ses actionnaires permet d'assurer la pérennité de l'entreprise. Les activités commerciales de la société seront en mesure de perdurer même si un des actionnaires se retire de la société ou décède, contrairement à l'entreprise individuelle qui est dissoute automatiquement au décès du propriétaire de l'entreprise.

De plus, incorporer sa société permet d'avoir accès à diverses sources de financement, contrairement à l'entreprise individuelle qui est limitée, par exemple, aux prêts personnels. En effet, l'incorporation donne accès à plusieurs modes de financement privé et permet notamment aux actionnaires d'injecter un montant d'argent afin de

---

[1] https://edoctrine.caij.qc.ca/publications-cabinets/therrien/2017/ a103604/fr/ pc-a103764

souscrire à un nombre d'actions du capital-actions de la société, en plus d'avoir accès à certaines subventions.

Ultimement, incorporer son entreprise permet de bénéficier d'une fiscalité avantageuse, par exemple, en matière d'imposition de dividendes ou de déduction des pertes. Le taux d'imposition d'une société par actions est généralement moins élevé que celui d'une personne exerçant une entreprise individuelle. La planification fiscale et successorale y est également facilitée.

Les avantages d'enregistrer sa marque de commerce au Canada[2]

Le dépôt d'une demande d'enregistrement d'une marque de commerce, avant-même le début de l'emploi de cette dernière, permet de bloquer les concurrents potentiels. En ce sens, l'examinateur, dans son analyse, s'opposera à toute marque postérieurement produite qui porte à confusion. Si la marque n'est pas enregistrée, le propriétaire de cette dernière devra effectuer ce travail colossal par lui-même.

L'avantage principal de l'enregistrement d'une marque de commerce est que ce dernier permet à son titulaire d'avoir le droit exclusif d'employer la marque à travers le Canada, contrairement à une marque non enregistrée qui ne pourra être protégée qu'à l'égard des produits et services spécifiques en vertu desquels elle a été utilisée, le tout limitativement au lieu de l'utilisation.

L'enregistrement d'une marque de commerce est valide pour une période de dix ans et est renouvelable indéfiniment, moyennant le paiement des frais applicables[3]. Dans un cas de violation de la marque de commerce, les recours judiciaires devant les tribunaux sont simplifiés et moins couteux lorsque la marque est enregistrée.

Également, dans une situation où le propriétaire de la marque de commerce enregistrée au Canada souhaite s'enregistrer à l'internationale, l'enregistrement de la marque au Canada peut être à la base de la demande, le tout facilitant grandement le processus.

---

[2] https://www.groupetcj.ca/actualites/782-10_avantages-denregistrer-sa-marque-de-commerce-au-canada.html
[3] https://ised-isde.canada.ca/site/office-propriete-intellectuelle-canada/fr/marques-commerce/guide-marques-commerce

Enfin, le fait d'avoir une marque de commerce enregistrée donne accès à des mécanismes de protection contre la contrefaçon. Concrètement, à titre d'exemple, une marque de commerce enregistrée permet de s'inscrire au service *Amazon Band Registry* afin de bénéficier d'une protection contre la vente de produits contrefaits sur la plateforme.

PARTIE 2

14 CONSEILS ET STRATEGIES A ESSAYER AVANT D'ENVISAGER L'ABANDON.

INTRODUCTION

Avec tout ce que nous voyons dans les jeux vidéos, nous sommes probablement mieux préparés à survivre à une attaque de zombies plutôt qu'à une crise économique.

Une tonne de facteurs affectent directement les entreprises de tous genres et, particulièrement, les plus jeunes : La fin de la pandémie, la guerre en Ukraine, la chicane entre les États-Unies et la Chine, l'inflation et le dollar Américain qui est aussi stable que le prix du gaz.

J'entends par « jeunes » un ensemble d'hommes et de femmes qui en sont à leurs premiers pas en affaires ou encore à des entreprises qui ont soufflé très peu de chandelles. Un groupe de gens, travaillants, qui n'ont pas vécu ce genre de situation, dans le passé, et qui n'ont certainement pas eu le temps de mettre de l'argent de côté pour un jour de pluie…encore moins pour deux ou trois années.

Voilà pourquoi j'ai décidé de documenter toutes les recherches et les actions effectuées personnellement. Des actions beaucoup plus efficaces qu'un masque bleu porté sous le nez!

Je tenais à pouvoir outiller tout ces entrepreneurs qui se sentent perdus ou qui ne savent pas par où commencer.

J'ai eu la chance de travailler avec une équipe extraordinaire, ouverte à mes idées folles, mais également avec des experts et des entrepreneurs expérimentés ainsi que notre réseau de franchises.

Pour le bénéfice de tous, c'est avec plaisir que je vous partage ces informations aussi précieuses que le secret de la Caramilk.

Ouvrez vos oreilles, buvez du café, si c'est le matin, prenez des notes et passez à l'action dès que possible. Ce n'est pas le gouvernement, ni vos parents, qui sauveront votre entreprise. Et la voisine? Pense-y même pas!

Vous êtes le ou le seul sauveur. La destinée de votre entreprise est entre vos mains et le décompte est probablement déjà commencé. Vous avez toujours rêvé d'être un héros? C'est maintenant!

CHAPITRE 1 : REVENONS A LA BASE

La comptabilité, ce n'est pas mon « dada ». En fait, je déteste ça.. Je préfère de loin compter les moutons que de compter les dépenses.

Cependant, tu n'auras jamais de succès en affaires si la comptabilité de ton entreprise n'est pas faite correctement.

La comptabilité ne sert pas juste à payer ou économiser des impôts.

Elle sert aussi à voir si ton entreprise est en bonne santé ou pas.

Imagine ta comptabilité comme un bilan de santé effectué par ton médecin…Sauf que ton:ta comptable ne te proposera pas fortement de faire plus d'exercice chaque jour !

Tu peux évidemment aussi t'occuper de ta propre comptabilité.

La comptabilité te permet de voir ce qui ne va pas, où tu perds de

l'argent et où tu en fais beaucoup, donc où tu dois porter attention.

Si tu n'es pas à l'aise, travaille avec un expert-comptable.

Tu as deux missions comptables dans cette économie instable.

La première mission est de couper les dépenses, tomber au strict minimum. Comme dirait ma mère, on se serre la ceinture! Quels sont les endroits où tu peux couper? Pense à tout! Loyer, électricité,

forfaits de téléphones, logiciels, transport, salaires, coût de produits etc.

Cette économie est généralement plus importante que la rentrée

d'argent, car la rentrée d'argent n'est pas à 100% dans tes poches !

Tu dois retirer le coût du produit ou service… donc ça prend plus de ventes pour payer une dépense.

Soyez créatifs !

Par exemple, pour le loyer, parlez au propriétaire, ou encore, cherchez une entreprise avec qui partager le local. Ne jamais sous- estimer le travail d'équipe ! Il y a des belles collaborations qui peuvent naître de ça!

Pour l'électricité, utilisez des minuteurs. Pour les salaires, ajustez vos heures de travail etc.

Passe à travers chaque dépense et pose toi la question: Comment puis-je économiser?

Soyez prudents ceci-dit. Même s'il faut se serrer la ceinture, il faut aussi savoir la boucler au bon moment.

Ne coupez pas où il y a de la valeur pour vos clients, ça serait de valeur!

Par exemple, ne coupez pas dans vos promotions, dans le marketing ou encore, dans la qualité de vos produits et services.

Et maintenant, ta deuxième mission!

Regarde où tu fais le plus d'argent, tes opportunités.

Connais-tu tes catégories les plus payantes ? Tes produits les plus payants ?

As-tu des opportunités pour augmenter les ventes de ces produits-là? En offrir plus, de différents genres !

Trouve la catégorie que tu peux travailler d'avantage, qui te rapporte gros. Focus sur ces articles dans ton marketing et tes actions de ventes. Après « Où est Charlie? », « Où est TA catégorie? ».

C'est connu, 20% de tes produits et services apportent 80% de tes ventes… pourrais-tu avoir de meilleures marges sur ces produits? Le profit ce fait à l'achat!

Pourrais-tu en vendre plus avec une activation?

CHAPITRE 2

FIXE TOI DES OBJECTIFS

Je sais que quand tout va mal, tu n'as pas le goût de te fixer des objectifs…

Et pourtant ! De se fixer des objectifs reste une action à prendre tellement importante.

J'explique toujours, en conférence, que si tu dis t'en aller au Saguenay sans indiquer une adresse à ton gps, il t'apportera au beau milieu de nul part. L'aventure, c'est l'fun, mais pendant les vacances!

Arriver nul part. Voilà le genre de résultat qui t'attend, sans objectif. Des résultats de perdus.

Ne vise pas la lune, ça risque de te décourager si tu ne l'atteins pas. En plus, ça coûte cher de gaz!

Dans cette économie, vise l'augmentation constante et soutenue.

Qu'elle soit de 1%, 3%, 6% mensuellement, tant que c'est possible sans avoir un gros flux de clients, étant donné l'économie.

Objectifs ventes, facturation moyenne, marge, nouveaux clients etc. Cependant, fixe-les en augmentant tous les mois.

Si ta situation est plus critique, ces augmentations devront être plus importantes.

Finalement, écris-les sur un tableau visible tous les jours, ai le réflexe de les regarder tous les matins et de les remplir tous les soirs après ta journée de travail. Donne-toi l'objectif et la motivation de les atteindre, même si tu écris mal!

Partage tes objectifs avec tes employés, si tu en as. Points bonus si tes employés, eux, écrivent bien!

Il est primordial que tout le monde soit au courant et travaille à

l'atteinte de tes objectifs.

Assure-toi aussi de rester focus sur ces objectifs. Ne déroute pas! Si tu les as fixés c'est que tu crois être en mesure de les atteindre donc ne doute pas de toi. Fonce!

CHAPITRE 3 :
ÉTABLIS DES ACTIONS CONCRETES JOURNALIERES

C'est pas un secret…

Action = réaction, l'action mène au résultat. Cette formule-là t'est clairement plus utile que celle Pythagore!

C'est impossible de sortir d'une situation difficile, sans travailler. À moins de gagner à la loterie et ça, vous le savez, c'est aussi probable que le retour des calèches, sur nos autoroutes.

Aucun entrepreneur n'a réussi en jouant à candy crush sur son cellulaire ou en regardant les réseaux sociaux.

Chaque objectif fixé dans le chapitre précédent doit être suivi d'une action pour atteindre cet objectif.

Par exemple, si tu dois aller à Québec, la première action sera d'embarquer dans ton auto, la deuxième sera d'aller mettre du gaz, la troisième sera de conduire, un kilomètre à la fois… (Note à toi-même: Ce paragraphe ne fait plus aucun sens si tu utilises les transports en commun…mais tu comprends le principe!).

Revenons à nos moutons!

Cette action de rouler un kilomètre, c'est ton action journalier. Tu dois établir ta préparation, mais ensuite ton action quotidienne. Tu comprends que tu n'arriveras pas à Québec après les 10 premiers kilomètres roulés…

C'est donc la même chose pour ton objectif d'affaire. Tu n'y arriveras pas après 10 jours de travail et actions continues.. Ça va prendre un certain temps mais si tu continues, tu sais très bien que tu vas y arriver!

Tu vas finir par la voir apparaître au loin, la statue de la liberté! Oups, mauvaise ville.

Si tu as écrit tes objectifs sur un tableau, et que tu les suis tous les jours, éventuellement tu verras une augmentation ou encore l'atteinte de certains objectifs. C'est là que tu sauras que ton action quotidienne fonctionne.

Comme le chapitre précédent, tu dois t'assurer d'y inclure tes employés. Ils doivent avoir les mêmes tâches ou des tâches uniques à eux ou leur position afin d'atteindre les mêmes objectifs. En gros, tout le monde doit travailler pour le même but. C'est ça, le travail D'ÉQUIPE.

Généralement, un objectif et des actions sont établis sur une période de 90 jours. Ça, pour les amateurs d'astrologie, c'est au moins trois pleines lunes!

Il y a de la science d'affaire derrière ce principe mais le détail n'est pas important. Pour le moment, assure-toi juste de faire ton plan sur un minimum de 90 jours avant de décider si il fonctionne ou pas.

Ensuite, analyse les résultats et ré-établie ton prochain 90 jours d'objectifs et d'actions et recommence!

Établie tes actions et passe à l'action, analyse et recommence!

Chapitre 4 :

Soit creatif dans ton marketing

Terminé le temps où seule les publicités à la télévision et à la radio fonctionnent.

Les réseaux sociaux, les sites internet tels que les sites d'annonces, les blogues, les groupes et j'en passe sont remplis d'opportunités gratuites (ou presque) qui sont toutes aussi performantes pour rejoindre la clientèle. Utilisez ces mines d'or pour vous promouvoir!

Dans le premier chapitre, tu as travaillé ton budget mais j'ai clairement indiqué de ne pas couper en marketing, c'est important. Cependant, tu peux améliorer ta stratégie et épurer tes dépenses comme Marilou de Trois fois par jour épure sa cuisine.

Regarde tes campagnes marketing les plus performantes et cherche à les optimiser. Si tu travailles avec une agence, négocie le prix, ajuste la cible. Si tu as une publicité avec une radio, demande une bonification ou encore offre des prix pour faire des concours sans devoir payer.

Ensuite, regarde pour ajouter des éléments gratuits.

Publiez plus souvent sur vos réseaux, faites des concours, ouvrez un nouveau réseau, travaillez avec des micro influenceurs, mettez vous à écrire des blogues pour aider le référencement.

Une autre avenue est de demander à vos employés ou vos clients ce que vous devriez faire. Vous serez surpris par les idées qu'ils vous apporterons. L'expression « plus on est de fous, plus on rit » n'aura jamais été aussi réelle!

L'une des meilleures sources de publicité, c'est l'affichage local. Dans et devant votre établissement. Par exemple, utilisez- vous vos vitrines à son plein potentiel? Faites-vous de la publicité à vos clients à l'intérieur de votre boutique ou au restaurant afin d'augmenter vos ventes? Pouvez-vous mettre de l'affichage dans la rue pour indiquer que vous êtes là? Le web ratisse large, le local fait entrer le monde… Travaillez constamment à vous faire découvrir localement, c'est la façon la plus rapide de faire entrer du monde!

CHAPITRE 5 :

ATTAQUE-TOI AU PROBLEME

As-tu pris le temps d'identifier ton réel problème? La situation économique n'est pas le problème.. C'est le contexte. Le contexte actuel 'te' créer un problème, c'est quoi?

Est-ce le manque d'achalandage? Est-ce la diminution de la facture? Est-ce un changement d'habitude? Il faut mettre le doigt sur le bobo pour pouvoir coller un plaster des Pierrafeu dessus!

Pensons à la Covid! Outre le « ça va bien aller », quel a été le plus grand problème à régler pour les entreprises durant les pires moments de la pandémie?

Les gens ne sortaient plus de la maison, donc le problème créé par la situation ou le contexte était que ces mêmes personnes ne pouvaient plus aller dans les magasins. La solution était alors de livrer la marchandise jusqu'à la maison du client.

Ce que je vous explique est important, car souvent les entrepreneurs moins expérimentés n'écoutent pas la population et ne prennent pas le temps de comprendre ce que le contexte cause comme problème. Action, réaction.

Dans un contexte économique, c'est souvent le portefeuille qui prend un coup. La solution doit donc être axée sur l'économie pour le client, à moins d'avoir un produit extrêmement en demande qui le fera dépenser malgré tout.

Dans votre solution, vous devez penser à tous les moyens de convaincre votre client que c'est économique de venir chez vous.

L'économie passe par plusieurs facteurs. Économie de temps, d'argent, d'énergie etc.

Comment pouvez-vous mettre de l'avant une économie qui fera déplacer votre client chez vous? Rapidité, livraison, rabais, bonification, diversification?

Laissez-moi vous parler de mes stratégies préférées.

CHAPITRE 6 :

ÉCONOMIE DE TEMPS

Pour les parents et les hauts dirigeants, le temps est le facteur le plus important pour eux. L'argent est important, mais l'économie de temps l'est encore plus. Ils ont de la broue dans le toupet, sans même avoir de toupet!

La solution, pour eux, c'est d'offrir l'un ou tous les éléments suivants:

Préparation de commande, livraison, meilleure organisation pour faciliter le magasinage ou encore un service conseil rapide et droit au but.

Ces gens vont privilégier les endroits rodés, rapides et organisés.

Attention! L'économie de temps passe également par l'économie de temps sur la route, entre deux nids-de-poule! Lors des dernières années, vous avez vu des grandes chaînes se diversifier et il y a une raison.

Pensez à Walmart qui offre l'épicerie et à la pharmacie. Les épiceries qui proposent des vêtements, les cafés qui ont une section boutique.

Cette action s'appelle la diversification et elle sert à être un 'one-stop-shop' ou à limiter le déplacement du client vers la compétition.

Le client l'adore. Il n'a pas besoin de faire deux ou trois destinations, tout est au même endroit! Le seul traffic que le client va affronter, c'est une fois rendu à la caisse. Ça donne une pause au Klaxon!

Comment pouvez-vous diversifier votre offre? Que pouvez-vous ajouter qui est complémentaire ou encore attirera une toute nouvelle clientèle?

CHAPITRE 7 :
ÉCONOMIE D'ARGENT

Les grandes familles, les étudiants ou encore les retraités recherchent des rabais. Achat en gros, journée spéciale, bonification de points. Voilà ce qui les attire en ce moment.

L'idée est d'en avoir plus pour son argent. Votre stratégie doit donc être claire, facile à comprendre et directe au but. Vous devez penser au positionnement de l'article ou du service, l'affichage et le mettre de l'avant.

Ces gens recherchent les endroits où le mot « économie » est identifié gros comme un ballon de plage. Pensez au Maxi! La couleur jaune et les gros rabais bien indiqués en circulaire et en épicerie.

Je généralise quand je spécifie qui cherche le plus les rabais car c'est le groupe cible, cependant, sachez que la majorité de la population apprécie une belle offre et ce, même chez les plus riches.

Au Québec nous avons tendance à vouloir redonner quand nous recevons. Avez-vous déjà remarqué?

Disons que je suis serveur, je donne un petit extra à mes clients comme un « shooter » ou encore une entrée gratuite. Pensez-vous que le client me donnera un meilleur pourboire? Fort probablement..C'est prouvé! Un « shooter » pour boire donne un meilleur pourboire!

La même chose est vraie en affaires…

Récompensez vos clients de temps en temps et ils seront encore plus fidèles. Ils dépenseront probablement d'avantage chez vous! Ça créer de la proximité client-propriétaire.

C'est statistiquement prouvé qu'un client fidélisé dépense plus. Qu'un client qui ait une offre promotionnelle dépense plus, globalement. Donc arrêtez d'avoir peur, faites des promotions de temps en temps, surtout en ce moment où les gens ont des difficultés à joindre les bouts.

Chapitre 8 :
L'Expérience client

Notre entreprise a gagné le prix WOW, Meilleur Expérience Client au Québec, toutes entreprises confondues. Une fierté! Savez-vous pourquoi?

Évidemment, je ne rentrerai pas dans les détails dans ce livre. Je risque d'en créer un autre, sur le sujet, mais voici le point important à retenir.

Intéressez vous.

Votre client doit devenir votre ami, de la famille. Votre produit doit être votre amour, votre passion. Votre entreprise doit être votre bébé, votre lieu préféré. Lorsque vous combinez ces trois éléments-là, votre expérience sera WOW! C'est une coche plus haut que Watatatow!

C'est tellement important de s'occuper de vos clients car il est beaucoup plus difficile d'en avoir des nouveaux que d'en garder.

Certes, il faut travailler les deux, mais la fidélisation doit être au cœur de votre stratégie actuelle et en tout temps.

CHAPITRE 9 :
MAXIMISE CHAQUE TRANSACTION

Tu dois focuser sur deux éléments clés à partir de maintenant, et ce avec l'attitude d'un taureau qui fonce sur un matador sans se poser de questions.

La facturation moyenne et la marge de produits vendus.

Attention! La marge en inventaire et la marge vendue est différente, elle est auto expliquée, selon moi.

La marge vendue, c'est la marge des produits que tu as vendu aux clients, donc le réel.

Dans un temps moins évident, et en tout temps selon moi, tu dois porter une attention particulière à la facturation moyenne et te fixer l'objectif de l'augmenter. Si on était juste avant l'ère du numérique, ton but, c'est que ça te coûte cher de papier!

C'est définitivement plus difficile d'augmenter la facture quand tu as un client devant toi avec un porte-feuille moins garnie. Cependant, il y a des astuces importantes qui fonctionnent et qui sont gagnant:gagnant.

La vente en gros, ou les rabais volume, sont les plus faciles à vendre en ce moment. Les produits moins coûteux, également. Voilà pourquoi certains magasins à rabais ou en gros sont en forte croissance.

Offrez donc des économies d'échelle (à ne pas confondre avec des économies SUR les échelles, c'est pas le même département). Les économies d'échelle, ça peut permettre au client d'économiser mais il doit acheter plus. Vous atteindrez donc votre moyenne désirée.

Mélangeons ça à l'action d'aller chercher de la nouvelle clientèle et voilà, c'est une recette gagnante. Ricardo est fière de vous!

Vous le savez déjà, les clients adorent acheter mais ils n'aiment pas avoir l'impression de se faire vendre quelque chose. La solution est donc simple. Vous devez toujours passer par les propositions, les expériences personnelles ou des autres clients, les essaies ou encore, le marketing incitatif. Ne forcez rien, mais n'hésitez pas non plus!

Ajoutons à cette recette un ingrédient spécial, celui qui est souvent oublié pour ajouter du corps à chaque transaction, le sel dans ton assiette et j'ai nommé: La marge vendant.

Tu dois être au courant de tes produits les plus payants et ainsi toujours les proposer aux clients, de différentes façons. Par le marketing, l'affichage, le placement, une offre alléchante, en proposition etc.

Tu dois t'assurer que tout le monde sur ton équipe connaisse ces produits qui doivent être proposés en tout temps.

Plus tu deviendras bon à augmenter la facturation moyenne et la marge vendue, plus chaque transaction deviendra payante.

J'ajoute un point important ici!

La plupart du temps, les propriétaires de l'entreprise ou les gestionnaires sont meilleurs pour « vendre plus ».

Souvent, c'est au niveau des employés qu'il y a une lacune.

Pour eux, il y a une certaine difficulté à comprendre quel produit doit être proposé afin de maximiser les marges, mais également un manque de volonté de propositions ou encore de mise de l'avant des promotions.

C'est souvent associé au syndrôme de l'imposteur ou la peur de la vente.

Assurez-vous donc de prendre du temps pour bien former votre équipe afin qu'elle comprenne bien chaque aspect, et ajoutez-y une touche de 'gamification' ou de jeux et concours afin de motiver les troupes.

Si ce n'est pas sûffisant, il est toujours possible de travailler une sorte de bonification sur la facturation moyenne, ou encore, sur certains articles afin de les motiver à atteindre vos objectifs fixés. Qui n'aime pas la reconnaissance?

Un employé bien formé et motivé peut être l'un de votre plus grand allié!

CHAPITRE 10 :
LES NOUVEAUX CLIENTS

Vous devez être obsédé par la nouvelle clientèle. Je suis sérieux ici!

Dans un contexte difficile, votre focus doit certainement être sur comment garder et fidéliser votre clientèle actuelle, mais votre attention doit être sur le nombre de nouveaux clients mensuel.

Vous devez évaluer, dans vos objectifs, combien de nouveaux clients vous avez besoin pour atteindre vos ventes désirées, selon la moyenne actuelle par client, et déterminer les actions pour faire entrer ces gens.

Comprenez ceci, chaque client a une fréquence de visite et selon le genre d'entreprise, elle varie.

Dans une épicerie, le client moyen passe une fois par semaine. Dans une boutique de vêtements, une fois par mois (ça, c'est la fréquence connue si notre partenaire a été honnête), dans un concessionnaire automobile c'est une fois par 3 ans etc.

Quelle est la fréquence, chez vous?

Cette mesure déterminera combien de nouveaux clients vous avez besoin mensuellement pour atteindre vos objectifs. Si un client en moyenne passe toutes les semaines, ça prendra moins qu' un client qui passe une fois par mois...

Maintenant, qu'allez vous faire pour attirer cette nouvelle clientèle? Vous devez porter une très grande attention à votre stratégie et je

vous conseille de ne pas y aller de main morte!

CHAPITRE 11 :

DIVERSIFICATION

Ajouter un item, un service ou un concept qui augmentera votre chiffre d'affaires, simplement par cet ajout.

Il y a deux façons principales de faire un ajout à son entreprise.

Un ajout **complémentaire** ou similaire à votre offre. Celle-ci propose un item ou un service qui est très similaire ou très approprié à votre offre actuelle. Un menu poke bowl dans un restaurant à sushi.

Sinon, vous avez l'approche de **contraste** ou en bon jargon, complètement différent mais dans la même pensée.

Un bon exemple ici serait un fleuriste qui lancerait une section produits du terroir… c'est pas naturel mais ça fait du sens car ces produits s'offrent bien en cadeau. Et ta blonde ne comprendra rien quand tu lui donneras une barre de savon fait à la main, achetée chez le fleuriste, sans lui ramener de fleurs! C'est parfait. Il faut toujours se surprendre, en couple!

Sinon, il y a un épicerie qui a créé des magasins de vêtements dans leurs établissements (nous n'avons toujours pas trouvé de petites culottes mangeables, par contre). Les magasins de produits naturels dans les épiceries également.

Et mon préféré, les restaurants rapide à deux comptoirs différent, taco et pizza ou beigne et crème glacée. Ils ne sont pas tous logiques, mais ils fonctionnent tous…Surtout une fois en bouche!

Avant de choisir, nous devons décider ce dont nous avons besoin.

Augmenter les ventes légèrement et ainsi la facture moyenne du client déjà en boutique? Ou encore, attirer une toute autre clientèle?

Votre besoin déterminera votre ajout.

Posez-vous la question et soyez franc! Personne n'est là pour juger.

Êtes-vous pleinement satisfait des résultats de votre entreprise? Si la réponse est oui, possible que vous n'ayez pas besoin d'ajouter quoi que ce soit, mais juste de vous focaliser sur votre offre actuelle et de l'améliorer.

Si vous n'êtes pas satisfait, à quel niveau êtes vous insatisfait? Quel coin arroser pour que l'herbe soit plus verte que l'voisin?

Vous avez juste besoin de quelques ventes de plus pour l'être, ou avez-vous juste le goût d'augmenter la facturation moyenne?

Peut-être aussi qu'il vous manque une offre pour être plus complet ou compétitif?

Et finalement, si vous êtes loin de votre objectif, vous êtes probablement découragé. Vos résultats sont plus bas que vos attentes et vous avez tout essayé…

Aussi, votre marché actuel est en baisse ou en chute libre. Vous avez carrément l'impression d'être bon dernier à la course arc-en-ciel dans Mario Kart. N'ayez crainte.

Avant de parler des deux diversifications.

C'est valable de constater que votre entreprise va bien et que vous n'avez rien besoin d'ajouter.

Parfois, nous avons tendance comme entrepreneur à toujours vouloir en faire plus! Mais lorsque nous avons un concept qui fonctionne et qui est rentable, selon moi, la meilleure chose à faire est de le peaufiner et le rendre encore meilleur. La route vers le sommet est difficile. De rester au sommet l'est encore plus!

Je parle ici de peaufiner le concept sur plusieurs aspects.

La gestion financière, il est possible de la peaufiner afin d'en tirer plus de bénéfices grâce à une meilleure gestion des coûts et des achats, d'une révision des prix et même de revoir le service que nous offrons aux clients.

Pourquoi pas réviser sa stratégie marketing également pour la retravailler? Il est toujours bon de se mettre à jour, et c'est probablement pour vous une excellente façon d'avoir un impact positif sur votre entreprise.

La diversification complémentaire.

Vous êtes heureux de vos résultats mais vous voulez un petit plus? Cette option est pour vous! Voici donc comment procéder.

Faites un brainstorming (une tempête d'idées, sans parapluie) avec votre équipe et possiblement quelques bons clients ou conseillers d'affaires qui connaissent bien votre secteur d'activité.

Posez-vous les questions suivantes;

Que recherche généralement votre client dans votre secteur d'activité, autre que votre offre?

Quel produit ou service votre clientèle cible pourrait être intéressé à avoir également?

Que fait votre compétition de plus que vous?

Quand vous parlez à vos clients, quel autre intérêt ont-ils?

Que pensez-vous pouvoir ajouter « facilement » à votre offre, qui selon vous, serait intéressant pour votre client?

Quel autre produit ou service irait bien avec votre offre actuelle que vous n'offrez toujours pas encore?

Que fait aussi votre genre d'entreprise dans d'autres pays?

Quand vous regardez votre clientèle cible, quels autres produits ou services connexes ont la même clientèle cible, identique ou très très rapprochée?

Quels autres produits vous intéressent? N'oubliez pas que vous êtes également votre client cible.

Une fois que vous avez amassé toute cette information, ces idées de produits et services, faites le tri dans l'orde de ce qui revient le plus souvent, jusqu'à ce qui a été mentionné le moins souvent.

Vous avez encore quatre étapes avant de choisir l'élément. Pieds pesants, n'allez pas trop vite!

Étape 1. Identifier quels produits ou services ont été mentionnés le plus, dans le top 5, idéalement.

Étape 2. De ces 5 produits ou services les plus mentionnés dans votre étude, lequel vous intéresse le plus personnellement? N'oubliez pas que la passion est un élément clé du succès de n'importe quel business. Faites brûler la passion, pas la business!

Étape 3. Valider la faisabilité du projet d'ajout. Est-ce possible ou pas? Pensez à tout les sens du terme. Financier, légal, travail, disponibilité etc.

Étape 4. Une fois que vous avez choisi votre top produit ou service avec l'ajout de votre intérêt et de la faisabilité, replacez-les dans l'orde de plus probable au moins probable. Vous avez maintenant un top 5 replacé.

Étape 5. Prenez votre top 3, cette fois-ci, et sondez le terrain auprès de votre clientèle. Vous pouvez soit le faire en sondage ou encore, plus informel et demander l'opinion de chaque client qui entre chez vous afin de voir ce qu'il pense de votre idée. Toujours en proposant le top 3 pour voir quel produit serait le plus apprécié par votre clientèle.

Voilà! Votre étude et votre validation vous aura apporté à une offre de produits:services ou deux qui, basée sur l'étude, devrait fonctionner.

Maintenant, commencez la mise en plie…euh, en place!

Diversification du contraste.

Vous avez un gros manque à gagner? Ne vous découragez pas, je suis passé par là.

Ceci vous sera utile afin d'attirer une toute nouvelle clientèle pour ainsi augmenter les ventes significativement.

J'aimerais faire deux parenthèses avant de vous expliquer comment la mettre en place.

Ne vous empêchez pas de mettre en place une diversification de la complémentarité, celle-ci peut être bénéfique à moyen terme afin de vous aider à augmenter vos revenus. Elle est tout aussi valide, simplement moins intense que la deuxième.

N'oubliez jamais que le résultat n'est pas dans l'idée mais dans l'exécution. Si vous êtes à votre affaire, pro-actif et fonceur, vous allez avoir plus de chances de foncer dans vos résultats plutôt que dans un mur. Si vous êtes paresseux ou craintif dans vos actions, ceci ne fera rien pour votre entreprise. Il faut agir comme quand tu es au casino un samedi soir: ALL IN!

Allons-y!

Voilà que tu dois faire un choix hors du commun... Ajouter un élément qui va probablement sembler contre nature, c'est le but!

Certains vont même vous dire que vous êtes fou, ou encore que vous êtes loin de votre mission d'entreprise de départ et... c'est bon signe! De toute façon, plus on est de fous, plus on rit.

Si vous avez la certitude que c'est différent de ce que vous faites habituellement mais que ça peut fonctionner, vous êtes sur le bon chemin!

Étape 1. Assurez-vous de bien comprendre qui est votre clientèle cible, groupe d'âge, sexe, intérêt premier. C'est une coche plus précis que le bon vieux « ASV? ».

Étape 2. Déterminez quel est le type de clientèle, que ce soit le groupe d'âge, le sexe ou autre élément important que vous ne touchez pas présentement avec votre offre de produits ou services.

Étape 3. Effectuez des recherches sur ce que vous pourriez ajouter à votre offre de produits ou services qui irait avec cette clientèle non desservie. Lancez plein d'idées, vous en attraperez une au vol car aucune n'est mauvaise! (Même chose que le chapitre précédent).

Étape 4. Effectuez un tri. Quelles sont celles qui reviennent le plus, quelles sont celles qui sont faisables et finalement, quelles sont celles qui vous intéressent le plus? (Même chose que le chapitre précédent)

Étape 5. Triez le top 5 des produits ou services que vous pourriez ajouter pour plaire à cette clientèle.

Étape 6. Sondez votre clientèle actuelle. (Même chose que le chapitre précédent).

Maintenant que vous avez votre nouvelle clientèle cible et votre idée pour la solliciter, vous avez maintenant un projet complémentaire. Il reste juste à exécuter la mise en place et bien comprendre comment l'intégrer et la promouvoir au sein de votre entreprise.

Vous avez choisi votre diversification, vous avez sondé le terrain, vous êtes prêt au déploiement. Quelle est la prochaine étape?

N'allez pas trop vite! Voici une étape des plus critique au succès de votre projet.

Posez-vous la question suivante; Devrais-je partir de zéro, ou encore faire affaire avec une entreprise ou marque déjà établie?

La réponse dépendra de votre empressement à atteindre le résultat désiré, ainsi que vos marges voulues.

Analysons les deux ensembles. À partir de zéro.

Cette option est super intéressante si vous n'êtes pas en période critique et que vous avez du temps, de l'argent et de l'énergie pour le faire.

Par exemple, d'ajouter un item complètement différent sur un menu de restaurant c'est faisable et probablement mieux que d'acheter un élément déjà préparé.

Le meilleur exemple ici c'est l'ajout de desserts à votre menu. Si vous n'en avez jamais offert, c'est probablement une source de revenus qui pourrait devenir intéressante.

En gros, vous allez devoir engager un cuisinier qui est expert en desserts (expert pour en préparer, pas en manger) afin de créer des recettes originales que vous allez suivre et ensuite offrir à votre clientèle.

L'investissement de recherche sera repayé à travers la plus haute marge de profit que vous allez faire à la revente.

Il sera cependant important de préparer un marketing efficace dans votre établissement afin de faire connaître vos desserts à votre clientèle.

Même chose pour une entreprise à service! Un professionnel pourrait aller prendre un cours et obtenir une certification et ensuite le promouvoir au sein de la clientèle recherchée.

Les marges sont généralement plus élevées, mais il faut absolument prendre en considération le négatif qui est la recherche, la mise en marché et la promotion.

Par association.

À l'inverse, s'associer à une marque : service ou encore un produit existant est beaucoup plus simple.

Vous avez déjà la certitude que ça fonctionne, vous n'avez aucune recherche à faire, aucune mise en marché, simplement d'apprendre et promouvoir.

Cependant, les marges sont généralement partagées entre les deux partis.

Si dans le cas de la restauration vous achetez vos desserts à un pâtissier, soit vous allez charger beaucoup plus cher à votre clientèle ou soit vous allez couper dans votre profit.

Ma préférence.

Je dois dire que je préfère la deuxième option dans plusieurs cas. Voici pourquoi.

1. Ensemble, nous allons plus loin. Je crois fortement que la collaboration, la synergie, est la meilleure façon d'avoir du succès dans la vie. Nous ne pouvons pas être les meilleurs dans tout. Nous devons prioriser nos forces là où nous excellons et non nous disperser. En gardant chacun son expertise, nous devenons plus forts et allons idéalement en sortir gagnants.

2. L'appartenance. Le client qui aime la marque, si il est contraint de choisir entre un modèle connu versus un modèle similaire mais non original, il choisira souvent la marque avant tout. C'est souvent un gage de succès ou un souvenir d'une expérience positive.

3. Le marketing. Si la marque est connue, elle a donc déjà sa clientèle. Le client qui reconnaît la marque choisira peut-être maintenant d'aller chez vous au lieu de faire un détour plus loin.

4. Rapidité. Moins de recherche, moins d'essais:erreurs, moins de temps pour mettre en place, moins d'investissement. Cest la façon la plus facile pour rentabiliser, selon moi.

La mise en place.

Voici la partie la plus importante du processus. C'est les nouilles dans votre soupe Lipton!

La mise en place ou mise en marché de votre nouveau projet de diversification.

Je vous suggère d'y aller avec une philosophie simple: Commencer avant de perfectionner. Ça ne vient pas de Socrate, mais quand même!

Cette philosophie vous empêchera de trop prendre de temps car n'oubliez pas que c'est du nouveau pour vous. C'est un tout nouveau domaine ou catégorie de clients. Ça peut donc être confrontant!

Foncez dans le projet avec la tête haute. Prenez le temps de comprendre, faites vous une liste de choses à faire et faites les une par une, le plus rapidement possible.

Dès que vous pouvez le faire, commencez à offrir la nouveauté à votre clientèle. Cela vous permettra de voir l'intérêt mais également de générer vos premières ventes. Ça vous motivera à continuer!

Lorsque tout est en place, faites du bruit! Les voisins n'appelleront pas la police sur ce coup-là!

Criez haut et fort votre nouveau projet à la clientèle souhaitée afin d'attirer un maximum de clients possible.

N'allez pas de mains morte avec le marketing et investissez plus que vous ne l'auriez fait dans le passé. C'est le temps de faire un gros boom! C'est peut-être votre dernière chance, comme nous avions discuté plus haut. ALL IN !!

De grandes actions accompagnées d'une foi incroyable. C'est la recette des résultats miracles. Qui sait, vous marcherez peut-être sur l'eau au lieu de marcher sur des oeufs?

CHAPITRE 12

MON ACTION PREFEREE

L'événementiel.

Oh que j'aime cet outil d'affaires, vous n'en avez aucune idée.

L'événementiel, c'est comme du bonbon mais sans faire de caries!

Que vous soyez dans le service ou la vente de produits, cette action est indispensable pour attirer de la nouvelle clientèle, augmenter votre notoriété et ajouter des dollars dans votre caisse.

Créer un événement ou participer à un événement est une stratégie d'affaire ultra efficace pour tous genres d'entreprises.

Pensez au pub qui affiche un chansonnier, au concessionnaire qui fait une soirée vip pour un lancement de modèle, l'ouverture d'une nouvelle boutique ou encore un événement de votre chambre de commerce local.

Il y a mille et une raisons (oui oui, tu as bien compté) de créer ou de participer à un événement et avec un peu de créativité, vous pouvez rentabiliser votre action en peu de temps.

Dans ce contexte économique, les gens cherchent les activités peu coûteuses et différentes.

N'oubliez pas que nous avons été confinés durant toute la pandémie, donc les gens sont également à la recherche d'émotions, de connections. Enfermés pendant de longs mois. Les gens sont tannés d'avoir comme activité principale de compter les tuiles de céramique, dans leur douche!

Selon moi, l'événementiel en affaires, c'est une occasion en or dans tout les sens du terme.

CHAPITRE 13 :

TON ATTITUDE

Ce chapitre est probablement le plus important.

Tu dois comprendre une chose primordiale! Dans la vie d'entrepreneur, si tu y crois, tu trouveras une solution. Si tu n'y crois pas, tu auras des difficultés…Et Poudlard ne t'approchera JAMAIS!

Après avoir lu tous ces chapitres t'apportant des pistes de solutions pour ton entreprise, voici ce qui se passe dans ta tête.

Soit tu est motivé à passer à l'action, soit tu te dis que ça ne fonctionnera pas. Peu importe, tu as raison.

Ouais… c'est aussi simple que ça. Ce que tu penses tu deviens.

Si tu es positif et que tu focus sur la prochaine action à faire, déterminer que ça va fonctionner, alors il y a des chances que ça fonctionne. Cependant, si tu te laisses envahir par le doute, la peur ou encore le négativisme… tu as déjà perdu et tu es mieux de mettre la clé dans la porte.

Ton attitude détermine ton altitude, voilà ce que tous les grands experts disent. Faut voir haut! C'est l'temps de vaincre tes vertiges!

CHAPITRE 14 :

FAIT ATTENTION A TON ENTOURAGE ET TROUVE TOI UN COACH OU MENTOR

Montre moi avec qui tu te tiens, et je vais te montrer ton futur.

Des négatifs attirent les négatifs, c'est assez simple à « spotter ». Si tu t'attrapes à constamment chialer avec tes amis, tu devrais considérer changer d'amis.

En revanche, si tes amis t'apportent du soutien, des idées et de la motivation, garde-les précieusement! Et si vous allez jouer sous la pluie et que vous riez ensemble malgré tout, ils valent de l'or!

Colle-toi à des gens qui t'inspirent. Les gens que tu fréquentes doivent avoir le succès que tu désires. Ils doivent être aussi motivés que toi à réussir.

Si tu n'as pas ce genre d'amis, fréquente les chambres de commerce ou encore, parle à un entrepreneur de ta ville en lui expliquant que tu cherches à élargir ton réseau d'affaires pour échanger.

Coach ou Mentor? Attention, il y a une différence entre les deux. Un mentor, comme au CAE d'entreprises, c'est une personne qui t'accompagne dans ton cheminement personnel. C'est extrêmement efficace et ça t'aide à devenir la personne nécessaire pour avoir du succès. C'est souvent gratuit…ou presque!

Le coach, souvent un entrepreneur avec une grande expérience ou un expert en PNL, c'est une personne qui va t'apporter des analyses et des solutions complètes. C'est souvent plus dispendieux mais ça donne généralement d'excellents résultats.

Si tu n'as pas les moyens ou que tu n'en trouves pas… je te conseille les séances de groupes.

Que ce soit dans le mentorat ou le coaching, les conférences d'affaires, de motivation, de formations. En groupes, elles sont excellentes, motivantes et souvent plus abordables. Tu as simplement à rechercher le sujet qui t'intéresse en ligne.

Attention de ne pas t'y perdre

J'ai écris ce livre en format « plus court » car il ya trop de gens qui se perdent et s'attardent sur les micro détails. Le petit format se traîne aussi parfaitement bien dans une sacoche.

Tu dois agir rapidement et si tu perds trop de temps à te perfectionner, tu ne passeras jamais à l'action.

Nous vivons dans un monde d'informations!

Google, Chat GPT, les livres, les podcasts et j'en passe..

À un moment donné, c'est trop ! Tu as des pistes de réflexions simples et efficaces, dans ce livre. Tu connais ton entreprise mieux que personne, maintenant, passe à l'action!

Certes, s'il y a un point que tu veux développer d'avantage ou focaliser, va prendre plus d'informations. Mais donne-toi le défi de commencer toute de suite.

Les experts le disent, vaut mieux commencer et s'améliorer que de

ne jamais commencer.

En conclusion

Tout ce qui est écrit dans ce livre, je l'ai recherché, testé et appliqué avec mes entreprises.

Est-ce une solution miracle? Non. Est-ce une garantie de survie de ton entreprise? Non.

J'adore Spider man mais ici…Personne ne viendra te sauver ou te dire quoi faire. Tout le monde est occupé à faire de son mieux avec sa propre vie et projets. Tu as donc le rôle principal de tes responsabilités. À quand l'Oscar?

Si tu le veux et que tu crois réussir, tu le feras. Si tu ne crois pas en toi, ni à ton projet, tu ne réussiras pas.

N'oublie pas, tu es le maître de ta réalité. Tu es celui qui dirige, qui prend les décisions, qui fixe ses objectifs et ses actions. Tu décides de faire ou ne pas faire, dans cette histoire, tu es le patron.

Bonis :

Le conseil de Fallon Jean, Coach PNL

Ne laisse pas tes croyances limitantes te voler tes rêves!

Selon les études, nous avons entre 5000 et 60 000 pensées, dans une journée. Il paraît que la plus populaire c'est: Voyons, est-ce que j'ai fermé l'four avant d'partir?

Je blague.

Je te garantis qu'elles ne sont pas toutes positives, ces pensées!

Nous avons des pensées et nous avons aussi des croyances. En gros, une croyance, tu l'as avec toi depuis très longtemps et une pensée, c'est quelque chose que tu as acheté au courant de ta vie!

Quand tu étais petit, tu as sûrement entendu quelque chose qui ressemble à : L'argent ne pousse pas dans les arbres, alors non je ne peux pas t'acheter ce jouet!

L'enfant enregistre, à ce moment-là, une certaine peur reliée avec l'argent (pas les arbres) qui, en vieillissant, devient sa nouvelle réalité:

L'abondance n'est pas là et je suis toujours dans le manque d'argent.

Ça devient une croyance limitante, avec le temps.

Ou encore, tu as peut-être entendu des gens te dire que l'économie

va mal et que tout va s'écrouler!

Tu as peut-être même reçu le conseil de fermer ton entreprise et de te trouver une job avant de tout perdre parce que ça ne va pas s'améliorer, dans les prochains mois!

Ça, c'est une pensée limitante. Remercions Karen au passage pour son précieux conseil alors qu'elle n'est pas du tout en affaires.

C'est un résumé rapide, bien évidemment, mais ça explique un peu

d'où viennent tes patterns actuels.

En tant que coach PNL, c'est ma spécialité d'aller découvrir tes croyances limitantes afin de te poser les bonnes questions dans le but de découvrir quelles sont les racines qui créer tes pensées. Je veux t'offrir les meilleures racines pour que, justement, l'argent pousse dans les arbres!

Je suis en affaires depuis mes 18 ans dans le domaine de l'entraînement et maintenant en tant que coach et conférencière sur le mindset.

Voci une de mes théories de base, super importante : PEAR

Tes PENSÉES mènent à tes ÉMOTIONS qui te poussent à passer à

l'ACTION et qui ensuite donnent un RÉSULTAT.

Le problème, quand on ne comprend pas bien cette séquence, c'est que dès qu'on est pas satisfait des résultats, on place l'emphase sur les actions alors qu'on devrait plutôt se pencher sur nos programmations!

Une croyance, c'est quelque chose d'invisible qui, si nous n'en prenons pas conscience, peut nous emprisonner dans une vie qui ne nous ressemble pas. Qui aime la prison?

Je te laisse sur une des croyances les plus répandues dans le monde des jeunes entrepreneurs. Sache que, ralentissement économique ou pas, ça reste une simple croyance.

Rappelle-toi aussi que plusieurs business ont vu le jour en pleine crise économique et sont encore au top, en ce moment!

Croyance : Ça prend de l'argent pour faire de l'argent.

Faux! Moi, je pense que ça prend du COURAGE pour faire de

l'argent!

La preuve, j'ai commencé avec absolument rien! Comme la plupart des entrepreneurs, d'ailleurs!

Si tu prends le temps d'écouter l'histoire des plus grands de ce monde, c'est rare que tu vas entendre qu'ils ont hérité de 150 000$ pour se lancer en affaires et que toutes les étoiles étaient alignées, cette journée-là, pour que ça marche!

Stratégie : MIT – MAP – ÉM

Donc, ce que ça prend, c'est du courage! Le courage d'avancer malgré la peur.

Le courage de vivre une vie à la hauteur de ce que tu t'étais imaginé. Le courage de prendre des décisions.

Le courage de dire à ton chum ou ta blonde que sa nouvelle coupe de cheveux, c'est pas SI beau.

Voici donc mes 3 trucs pour avancer, malgré la peur. MIT : Most important task

Commence ta journée avec la tâche la plus importante et celle qui va vraiment te faire avancer vers ta vie de rêve, même si elle te fait peur.

Prends l'habitude de faire ça à tous les jours et ton niveau de courage augmentera quotidiennement, au même rythme que ton niveau de confiance en toi.

Ta business n'ira jamais plus loin que toi, alors prends le temps d'améliorer l'humain derrière l'entrepreneur!

MAP : Massive action plan

Je sais que parfois, une croyance limitante qui est profondémment ancrée peut te faire croire qu'il n'y a pas de possibilités que ça fonctionne…

Mais! J'ai envie de te dire : Et si c'était possible? Essai-le et tu verras. Fais un plan en te répétant que ça prend du courage pour faire de l'argent et tu verras que les résultats vont arriver! Fais-toi un plan sur

30 ou 90 jours et fonce, tu vas créer des miracles qui te feront maintenant douter de cette croyance erronée et qui ne t'appartient probablement pas!

Une fois que tu seras dans l'action, assure-toi d'utiliser l'équation du miracle.

L'équation du miracle, c'est de mettre un EFFORT EXTRAORDINAIRE + avoir une FOI INÉBRANLABLE. Et voilà, tu peux maintenant marcher sur l'eau! L'hiver…

Avec l'équation du miracle, Tu vas appliquer ton plan de match en étant vraiment engagé, en faisant l'effort de plus à chaque jour et par ricochet, tu vas choisir de croire que c'est possible, choisir de croire en toi et de croire que le meilleur s'en vient pour toi.

En résumé : Arrête d'attendre! Fonce, le monde a besoin de toi. Et ce, peu importe la situation économique!

MOT DE LA FIN.

L'entrepreneuriat est une série d'essais et d'erreurs, de bonnes et de mauvaises idées.

C'est une adaptation et une évolution en continu.

Celui qui pense qu'il pourra avoir la même entreprise toute sa vie sans avoir à changer quoi que ce soit ou à modifier quelque chose vit dans un monde de licornes avec des trompes.

Que ce soit par l'évolution technologique, la demande des clients, les besoins, les tendances, l'économie etc.. il y aura toujours des changements et des modifications à apporter afin de survivre et de fleurir.

Ne vous laissez pas abattre par cette inquiétude ni même aucune situation qui pourrait vous arriver. Faites toujours de votre mieux et ayez toujours une attitude optimiste et axée sur les solutions.

Si quelque chose ne fonctionne pas, faites commes dans Mario Bros et recommencez. Surtout, n'abandonnez jamais.

Un gagnant n'est qu'un perdant qui as essayé une fois de plus.

BONIS :

L'Exemple de Patrice Belaire, Consultant en Affaires

L'histoire du directeur de la rôtisserie St-Hubert au 6795 Chemin de la Côte des Neiges, dans le quartier Notre-Dame-de-Grâce à Montréal, s'intègre magnifiquement dans le contexte de l'auteur du texte sur la diversification, expliqué par Karl Magnone.

Dans ce coin de Montréal, le directeur de la rôtisserie St-Hubert était confronté à un défi majeur. Les salles au sous-sol de son établissement étaient constamment désertes, plongées dans l'obscurité et dépourvues d'ambiance. Digne des meilleurs films d'horreur.

Cette situation était un véritable casse-tête pour lui, car il aspirait à donner une nouvelle vie à ces espaces quelque peu oubliés.

Un tournant dans son parcours s'est présenté lorsqu'un membre de sa propre famille, résidant dans ce quartier, s'en est allé. La famille avait organisé un service funéraire à l'Oratoire Saint-Joseph, situé à proximité.

Après la cérémonie, les proches cherchaient un lieu où se réunir et partager un repas en mémoire de leur être cher. C'est à ce moment précis qu'une idée a surgi.

Le directeur de la rôtisserie St-Hubert a eu l'initiative d'inviter sa propre famille à se réunir dans les salles au sous-sol de son restaurant. Il a constaté que l'absence de lumière crue, le calme ambiant, et le manque de distractions extérieures faisaient de ces lieux un cadre idéal pour des réunions familiales de cette nature.

Les familles pouvaient ainsi se rassembler dans une atmosphère d'intimité, pour partager des souvenirs, se soutenir mutuellement, et se remémorer les moments précieux passés avec leur proche disparu.

Inspiré par cette expérience personnelle, le directeur a eu une idée courageuse. Il a entrepris de contacter le responsable de l'Oratoire Saint-Joseph pour explorer la possibilité d'une collaboration.

Ensemble, ils ont commencé à proposer des forfaits de réception funéraire, comprenant un repas dans les salles du sous-sol de la rôtisserie St-Hubert. Ces forfaits étaient spécialement conçus pour offrir aux familles un espace paisible où elles pouvaient se réunir après les cérémonies funéraires, dans un cadre intime et chaleureux.

Cette idée a rencontré un succès retentissant. Les familles ont apprécié la commodité de pouvoir organiser à la fois les cérémonies funéraires à l'Oratoire Saint-Joseph et la réception dans les salles du sous-sol du restaurant voisin. Ces espaces, autrefois négligés, étaient désormais constamment animés, créant une atmosphère empreinte de solennité et de réconfort pour les familles en deuil.

L'histoire du directeur de la rôtisserie St-Hubert est un magnifique exemple d'intelligence émotionnelle, de créativité et de sensibilité en action, où une expérience personnelle a été transformée en une belle opportunité pour offrir du réconfort aux familles dans des moments difficiles.

PARTIE 3

ÉTUDES DE CAS

INTRODUCTION

Voici quelques études de cas d'entreprises que vous connaissez qui ont survécu aux turbulences économiques et aux guerres pour sortir plus fort que jamais. J'inclus une petite description et leurs points communs mis en place dans leurs entreprises.

Disney pendant la Seconde Guerre mondiale :

Pendant la Seconde Guerre mondiale, de 1939 à 1945, de nombreuses entreprises ont été affectées par les contraintes économiques et la mobilisation pour la guerre. Cependant, Walt Disney et sa société ont réussi à naviguer avec succès dans ce contexte difficile. Voici comment Disney a géré la situation :

- **Diversification des revenus** : Disney s'est diversifié pour compenser la perte de revenus due à la fermeture de marchés internationaux. Ils ont continué à produire des films, des dessins animés et des courts métrages pour les forces armées et le marché intérieur.

- **L'innovation technologique :** Disney a investi dans des technologies telles que la caméra multiplan, qui a permis de créer des effets de profondeur dans l'animation. Cela a abouti à des productions emblématiques comme "Dumbo."

- **Réduction des coûts de production :** L'entreprise a réduit les coûts de production de ses films et a optimisé ses opérations pour rester rentable malgré les défis économiques.

- **Partenariats stratégiques** : Disney a conclu des partenariats stratégiques avec d'autres entreprises, notamment pour la distribution de ses produits dérivés.

- **La diversification des activités** : En plus de l'animation, Disney s'est engagée dans la musique, la publication de bandes dessinées et l'exploitation de parcs à thème.

Au cours de la Seconde Guerre mondiale, Disney a continué à produire des films mémorables tels que "Dumbo" et "Bambi" tout en s'adaptant aux restrictions économiques de l'époque.

Leur résilience et leur capacité à innover ont permis à l'entreprise de prospérer malgré les circonstances difficiles.

Cette histoire illustre comment la diversification, l'innovation, la réduction des coûts, les partenariats stratégiques et l'expansion de l'entreprise vers de nouveaux domaines peuvent aider une entreprise à réussir, même en période de conflits mondiaux et de contraintes économiques. Vendre du rêve, même dans un cauchemar.

Amazon pendant la bulle internet et l'éclatement de la bulle (fin des années 1990 - début des années 2000) :

Lors de la fin des années 1990, Amazon était une jeune entreprise qui se développait rapidement, mais elle a également traversé la période tumultueuse de la bulle internet et de l'éclatement de la bulle, en 2000. Voici comment Amazon a géré cette période difficile :

- **Diversification des produits** : Amazon, qui avait commencé en tant que librairie en ligne, a rapidement étendu sa gamme de produits pour inclure tout, des livres aux jouets, à l'électronique, et bien plus encore. Cette diversification a contribué à la résilience de l'entreprise.

- **Innovation dans la logistique :** Amazon a investi massivement dans l'optimisation de sa chaîne d'approvisionnement et dans l'automatisation des entrepôts pour améliorer l'efficacité et la rapidité de livraison.

- **Amazon Web Services (AWS)** : En 2002, Amazon a lancé AWS, sa division de services cloud. Cette décision stratégique a contribué à la croissance future de l'entreprise, car AWS est devenu un leader mondial dans le domaine du cloud computing.

- **Focus sur la satisfaction client** : Amazon a maintenu un engagement continu envers la satisfaction du client, en offrant un service client exceptionnel, des retours faciles et des livraisons rapides.

- **Économies d'échelle** : Amazon a poursuivi une stratégie d'expansion rapide pour réaliser des économies d'échelle, ce qui lui a permis de réduire les coûts et d'offrir des prix compétitifs.

- **Innovation technologique** : Amazon a développé son propre écosystème de produits technologiques, y compris les liseuses Kindle et les assistants vocaux Alexa.

Malgré les défis de la bulle internet et de l'éclatement de la bulle, Amazon est devenu une force dominante dans le commerce électronique et la technologie.

La diversification, l'innovation, l'accent sur la logistique et la satisfaction du client ainsi que l'expansion dans des domaines tels que le cloud computing ont contribué à sa réussite continue.

Cette success story démontre comment une entreprise peut non seulement survivre dans un contexte économique difficile, mais aussi prospérer en s'adaptant, en innovant et en répondant aux besoins changeants du marché.

Netflix pendant la récession de 2008 :

La récession de 2008 a eu un impact significatif sur de nombreuses entreprises, mais Netflix a réussi à non seulement survivre, mais aussi à prospérer grâce à son modèle commercial innovant.

Voici comment Netflix a géré la situation économique difficile :

- **Pivot vers la diffusion en continu** : Au début des années 2000, Netflix était principalement un service de location de DVD par la poste. Cependant, à partir de 2007, ils ont commencé à investir massivement dans la diffusion en continu (streaming) de contenu, anticipant une demande croissante pour les médias numériques.

- **Contenu original :** Netflix a commencé à produire son propre contenu original, comme la série "House of Cards" en 2013, ce qui les a démarqués de la concurrence.

- **Abonnement mensuel abordable** : Netflix a adopté un modèle d'abonnement mensuel abordable, qui offrait une alternative économique au câble et aux DVD en location.

- **Expansion internationale** : Netflix a rapidement étendu sa présence à l'international, ce qui a contribué à sa croissance.

- **Personnalisation et recommandations** : Ils ont utilisé des algorithmes avancés pour recommander du contenu aux abonnés, ce qui a amélioré l'expérience utilisateur.

- **Investissements dans la technologie** : Netflix a continué à investir dans des serveurs de diffusion en continu de haute qualité, garantissant une diffusion fluide du contenu.

En s'adaptant aux tendances du marché et en investissant dans la diffusion en continu, Netflix est devenue une plateforme de streaming majeure, avec des millions d'abonnés dans le monde entier.

Leur modèle commercial basé sur l'abonnement mensuel et leur contenu original a contribué à maintenir la croissance de l'entreprise, même pendant la récession de 2008.

Cette histoire illustre comment la vision stratégique, l'innovation et l'adaptabilité peuvent aider une entreprise à réussir dans des moments économiquement difficiles. Plus! Netflix est quand même une plate-forme qui, malgré elle, détient sa propre expression…Netflix & C**ll!

Ford Motor Company pendant la Grande Dépression :

Pendant la Grande Dépression des années 1930, l'industrie automobile aux États-Unis était fortement touchée. Cependant, Ford Motor Company a réussi à se démarquer en adoptant une approche novatrice.

Voici comment Ford a géré la situation économique difficile de l'époque :

- **Diversification des modèles** : Ford a diversifié sa gamme de modèles pour répondre à un éventail plus large de besoins et de budgets des consommateurs. Ils ont introduit des modèles plus petits et moins chers pour s'adapter à la situation économique.

- **Réduction des coûts de production** : Ford a mis en œuvre des techniques de production plus efficaces, notamment la standardisation des composants, pour réduire les coûts de production.

- **Innovation marketing** : L'entreprise a lancé des campagnes publicitaires créatives et a introduit des concepts marketing novateurs, tel que le "Ford V-8 Club," pour stimuler la demande.

- **Investissement dans la R&D** : Ford a continué à investir dans la recherche et le développement de nouveaux produits, notamment le moteur V8, qui a été un succès majeur.

- **Gestion prudente des finances** : Ford a été prudent dans sa gestion financière, ce qui a permis de préserver la stabilité financière de l'entreprise.

La décision de diversifier la gamme de modèles, d'innover sur le plan marketing et de maintenir un engagement envers la qualité a permis à Ford de non seulement survivre à la Grande Dépression, mais aussi de renforcer sa position sur le marché automobile.

L'entreprise a continué à innover et à prospérer dans les décennies qui ont suivi, devenant un acteur majeur de l'industrie automobile. Cette histoire illustre comment une gestion avisée, l'adaptabilité et l'innovation peuvent aider une entreprise à traverser des périodes économiques difficiles.

Procter & Gamble pendant la Grande Dépression :

Durant la Grande Dépression des années 1930, l'entreprise Procter & Gamble (P&G) a réussi à prospérer en adoptant une approche stratégique et innovante.

Voici comment P&G a géré la situation économique difficile de l'époque :

- **Diversification des produits** : P&G a adopté une stratégie de diversification en introduisant de nouveaux produits et en élargissant sa gamme. Ils ont notamment lancé le premier savon pré-découpé, Ivory, en 1879, et ont continué à innover avec de nouveaux produits d'hygiène et de nettoyage.

- **Recherche et développement** : P&G a investi massivement dans la recherche et le développement de produits. Cela leur a permis de développer des produits de haute qualité qui ont trouvé leur place sur le marché.

- **Publicité et marketing** : P&G a été l'un des premiers à reconnaître l'importance du marketing et de la publicité. Ils ont créé des campagnes publicitaires efficaces pour promouvoir leurs produits, ce qui a contribué à renforcer leur image de marque.

- **Distribution efficace** : P&G a amélioré sa chaîne d'approvisionnement et de distribution pour atteindre un plus grand nombre de clients, même dans des régions rurales.

- **Innovations technologiques** : L'entreprise a également adopté des innovations technologiques pour améliorer ses opérations, comme l'utilisation de la radio pour promouvoir ses produits.

Grâce à ces stratégies, Procter & Gamble est devenue une entreprise de produits de consommation incontournable, même pendant la Grande Dépression.

Leurs marques emblématiques, telles que Ivory Soap, Tide, et Pampers, ont perduré et continuent d'être des leaders du marché dans leurs catégories respectives.

L'histoire de Procter & Gamble démontre comment l'innovation, la diversification des produits, la publicité efficace et la gestion avisée des opérations peuvent aider une entreprise à prospérer même dans des périodes économiques difficiles. On peut dire que Procter & Gamble a su « mousser » son marché! Ils ont eu leur façon de faire, « propre » à eux! Okay, c'est assez. Suivant!

Apple lors d'une période de récession économique :

Une des success stories les plus célèbres en affaires lors d'une période de récession économique est celle d'Apple Inc. sous la direction de Steve Jobs au début des années 2000.

À l'époque, l'industrie de la technologie était touchée par la bulle internet et une récession économique mondiale après l'éclatement de la bulle internet en 2000.

Voici comment Apple a réussi à prospérer dans un contexte économique difficile :

- **Réinvention du produit** : Apple a connu un déclin majeur au cours des années 1990, mais Steve Jobs est revenu à la tête de l'entreprise en 1997. Il a immédiatement commencé à réinventer les produits d'Apple, en lançant l'iMac en 1998 et le premier iPod en 2001. Ces produits ont marqué le début d'une nouvelle ère pour Apple.

- **Focus sur l'expérience utilisateur** : Apple s'est concentré sur la convivialité de ses produits et a créé une expérience utilisateur exceptionnelle. L'iPod, par exemple, était simple à utiliser et intégrait l'iTunes, qui a révolutionné la distribution de musique en ligne.

- **Diversification des produits** : Apple a continué à diversifier sa gamme de produits en lançant l'iPhone en 2007 et l'iPad en 2010. Ces produits ont non seulement renforcé la position d'Apple dans l'industrie de la technologie, mais ont également ouvert de nouveaux marchés.

- **Investissement dans la vente au détail** : Apple a ouvert des magasins Apple, ce qui a contribué à renforcer la relation avec les clients et à offrir un lieu où les produits Apple pouvaient être expérimentés, en personne.

- **Forte image de marque** : Apple a cultivé une image de marque forte axée sur l'innovation, la qualité et le design. Cette image de marque a permis à Apple de se démarquer dans un marché concurrentiel.

- **Adaptabilité aux tendances du marché** : Apple a su s'adapter rapidement aux évolutions du marché, que ce soit en passant du matériel informatique aux appareils mobiles ou en développant des services comme l'App Store.

- **Gestion financière prudente** : Pendant cette période, Apple a géré ses finances de manière prudente, avec une trésorerie importante qui lui a permis de résister à la récession et de financer ses initiatives de développement de produits.

Au cours de cette période de récession économique, Apple est devenue l'une des entreprises les plus prospères et innovantes au monde.

Cette histoire d'entreprise montre comment une vision stratégique, la focalisation sur la qualité et l'expérience client, ainsi qu'une adaptabilité aux circonstances économiques peuvent aider une entreprise à réussir même dans des moments difficiles.

General Electric (GE) sous la direction de Jack Welch :

Lorsque Jack Welch est devenu PDG de General Electric (GE) en 1981, l'entreprise était confrontée à des défis économiques et à une concurrence féroce. Welch a mené une transformation majeure de GE et en a fait l'une des entreprises les plus performantes au monde.

Voici comment GE a géré cette période difficile sous la direction de Jack Welch :

- **Stratégie de gestion** : Welch a introduit le concept de "numéro un ou numéro deux" pour les divisions de GE, signifiant que chaque division devait être la meilleure dans son secteur ou devait être vendue. Cela a rationalisé les opérations et concentré les ressources sur les domaines clés.

- **Réduction des coûts** : Welch a lancé un programme de réduction des coûts appelé "Fix, Sell, or Close" (Réparer, Vendre ou Fermer) pour améliorer l'efficacité et la rentabilité de l'entreprise.

- **Développement du leadership** : Welch a mis en place un programme de développement du leadership et a encouragé la responsabilisation au sein de l'entreprise.

- **Innovation** : GE a continué à investir dans la recherche et le développement pour maintenir sa position de leader dans les secteurs de l'énergie, de l'aéronautique et de la santé.

- **Acquisitions stratégiques** : GE a effectué des acquisitions stratégiques pour élargir son portefeuille d'activités, notamment l'acquisition de RCA et d'autres sociétés.

- **Expansion internationale** : GE s'est étendu à l'international et a élargi ses activités dans des marchés émergents.

- Sous la direction de Jack Welch, GE est devenue une entreprise plus agile, efficace et rentable. Welch a été PDG de GE pendant plus de deux décennies et a façonné l'entreprise en une force mondiale diversifiée.

Cette success story montre comment une direction stratégique visionnaire, la gestion des coûts, le développement du leadership et l'innovation peuvent transformer une entreprise et la rendre plus performante même dans un environnement économique difficile.

IBM pendant la Grande Dépression :

Pendant la Grande Dépression des années 1930, de nombreuses entreprises ont été gravement touchées par la crise économique. Cependant, International Business Machines (IBM) a réussi à prospérer en adoptant une approche innovante.

Voici comment IBM a géré la situation économique difficile de l'époque :

- **Diversification des produits :** IBM a diversifié sa gamme de produits pour inclure des machines de traitement de données, des machines à écrire, et des équipements de comptabilité, répondant ainsi aux besoins changeants du marché.

- **Service à la clientèle :** IBM a mis l'accent sur le service à la clientèle, offrant une assistance technique et une formation aux clients pour maximiser l'utilisation de leurs produits.

- **Innovation technologique :** IBM a continué à investir dans la recherche et le développement pour améliorer ses produits et rester à la pointe de la technologie.

- **Expansion internationale :** IBM a étendu ses opérations à l'international, devenant l'une des premières entreprises technologiques à le faire.

- **Partenariats stratégiques :** IBM a établi des partenariats avec d'autres entreprises pour développer des produits conjoints et élargir son portefeuille.

- **Formation du personnel :** IBM a offert une formation de qualité à son personnel pour les aider à maintenir des compétences à jour et à fournir un excellent service client.

Grâce à ces stratégies, IBM a continué à croître pendant la Grande Dépression et à prospérer dans les décennies qui ont suivi.

L'entreprise est devenue un leader mondial de la technologie et a joué un rôle clé dans le développement de l'industrie informatique.

Cette *success story* illustre comment la diversification, l'innovation, le service à la clientèle, l'expansion internationale et les partenariats stratégiques peuvent aider une entreprise à réussir, même dans un contexte économique difficile.

Microsoft dans les années 2000 :

Au début des années 2000, Microsoft était confrontée à des défis économiques et juridiques importants. Cependant, la société a su s'adapter et innover pour continuer à croître.

Voici comment Microsoft a géré cette période difficile :

- **Diversification des produits :** Microsoft a élargi son portefeuille de produits pour inclure des services *cloud*, des applications de bureau, des consoles de jeux (Xbox), et des systèmes d'exploitation pour serveurs.

- **Lancement de Windows XP :** En 2001, Microsoft a lancé Windows XP, qui est devenu un système d'exploitation populaire et stable, ce qui a stimulé les ventes.

- **Investissement dans la recherche et développement :** Microsoft a continué à investir massivement dans la recherche et le développement pour améliorer ses produits existants et en créer de nouveaux.

- **Partenariats stratégiques :** Microsoft a établi des partenariats stratégiques, notamment avec Intel, pour stimuler l'adoption de ses produits.

- **Xbox :** Le lancement de la console de jeu Xbox en 2001 a marqué l'entrée de Microsoft dans l'industrie du jeu vidéo.

- **Exploitation du marché des entreprises :** Microsoft a ciblé le marché des entreprises avec des produits et services tels que Windows Server et Microsoft Office, ce qui a contribué à stimuler les revenus.

Malgré les défis concurrentiels et juridiques, Microsoft est restée l'une des plus grandes entreprises technologiques au monde.

La diversification des produits, l'innovation, les partenariats stratégiques et l'adaptabilité aux besoins changeants du marché ont contribué à son succès continu.

Cette *success story* montre comment une entreprise peut gérer des périodes difficiles en diversifiant son portefeuille, en investissant dans l'innovation, en établissant des partenariats stratégiques et en exploitant de nouveaux marchés, tout en maintenant sa position de leader sur le marché.

Starbucks pendant la récession de 2008 :

La récession de 2008 a eu un impact significatif sur de nombreuses entreprises, mais Starbucks a réussi à naviguer à travers la tempête économique et à rebondir avec succès.

Voici comment Starbucks a géré cette période difficile :

- **Optimisation de l'expérience client :** Plutôt que de réduire la qualité de ses produits, Starbucks a choisi de maintenir une expérience client de haute qualité. Ils ont conservé leur engagement envers la qualité du café et l'atmosphère accueillante de leurs magasins.

- **Réduction des coûts :** Starbucks a réduit les coûts opérationnels en fermant temporairement des magasins peu performants, en optimisant la chaîne d'approvisionnement et en ajustant les effectifs.

- **Diversification du menu :** Starbucks a élargi son menu en ajoutant des produits alimentaires, des boissons froides et des options plus abordables pour attirer un public plus large.

- **Programme de fidélité :** Starbucks a renforcé son programme de fidélité, le "*My Starbucks Rewards* », pour encourager la fréquentation régulière et récompenser la clientèle loyale.

- **Expansion internationale :** Malgré la récession aux États-Unis, Starbucks a continué son expansion à l'international, en particulier en Chine, ce qui a ouvert de nouveaux marchés de croissance.

- **Responsabilité sociale :** Starbucks a renforcé son engagement en matière de responsabilité sociale, notamment en soutenant des initiatives de durabilité et en contribuant à des œuvres de bienfaisance.

Grâce à ces stratégies, Starbucks est sortie renforcée de la récession de 2008. L'entreprise a su conserver sa base de clients tout en attirant de nouveaux segments de marché.

Aujourd'hui, Starbucks est l'une des plus grandes chaînes de café au monde.

Cette *success story* illustre comment une entreprise peut traverser une période économique difficile en maintenant un engagement envers la qualité, en réduisant les coûts, en diversifiant son offre, en développant un programme de fidélité et en s'engageant socialement et écologiquement.

Hewlett-Packard (HP) pendant la grande dépression :

Un exemple concret d'une petite entreprise qui a survécu et même prospéré lors d'une crise économique est la société Hewlett-Packard (HP).

HP a été fondée en 1939, en pleine période de la Grande Dépression, par Bill Hewlett et Dave Packard. Au fil des décennies, l'entreprise a

survécu à plusieurs récessions économiques et a même prospéré pour devenir l'une des plus grandes sociétés technologiques au monde.

Voici quelques raisons pour lesquelles HP a réussi à survivre et à prospérer au fil des ans, malgré les crises économiques :

- **Innovation :** HP a été à l'avant-garde de l'innovation technologique depuis ses débuts. La société a constamment développé de nouveaux produits et technologies, ce qui lui a permis de rester compétitive sur le marché.

- **Diversification :** HP a diversifié ses activités au fil des ans pour ne pas dépendre d'un seul secteur ou d'un seul marché. L'entreprise a élargi son portefeuille de produits pour inclure des ordinateurs personnels, des imprimantes, des serveurs, des logiciels, et bien d'autres produits et services.

- **Orientation client :** HP a toujours mis l'accent sur la satisfaction de ses clients. En comprenant les besoins de ses clients et en développant des produits et des solutions adaptés, l'entreprise a pu maintenir la fidélité de sa clientèle.

- **Gestion financière prudente :** HP a géré ses finances de manière prudente, en maintenant des réserves de liquidités pour faire face aux périodes difficiles. Cela lui a permis de traverser les récessions économiques sans compromettre sa stabilité financière.

- **Investissement dans la recherche et le développement :** HP a constamment investi dans la recherche et le développement pour rester à la pointe de l'innovation. Cela lui a permis de rester compétitif sur le marché mondial.

- **Flexibilité :** HP a fait preuve de flexibilité en s'adaptant aux évolutions du marché et en ajustant ses stratégies commerciales en conséquence.

- **Culture d'entreprise solide :** La culture d'entreprise de HP, axée sur l'innovation, la collaboration et l'intégrité, a joué un rôle clé dans sa capacité à traverser les crises économiques.

Il est important de noter que toutes les entreprises ne parviennent pas à survivre et à prospérer au cours des crises économiques, et le succès de HP est le résultat de nombreuses décennies de gestion habile, d'innovation constante et d'engagement envers ses clients.

Cependant, les principes de diversification, d'innovation, de gestion financière prudente et de focus sur le client sont des facteurs clés qui ont contribué à sa réussite.

Coca-Cola L'entreprise a fait face à de nombreuses crises économiques :

Un autre exemple d'entreprise qui a surmonté des crises économiques et qui a prospéré est *The Coca-Cola Company*.

Coca-Cola a été fondée en 1892 et est devenue l'une des plus grandes entreprises de boissons au monde.

L'entreprise a fait face à de nombreuses crises économiques et à des fluctuations du marché au fil des décennies, mais elle a continué à croître et à prospérer.

Voici quelques raisons pour lesquelles Coca-Cola a réussi à résister aux crises :

- **Marque forte :** Coca-Cola possède l'une des marques les plus reconnaissables et les plus puissantes au monde. Cette notoriété de la marque lui a permis de fidéliser les consommateurs et de maintenir des parts de marché importantes.

- **Diversification des produits :** En plus de sa boisson emblématique, Coca-Cola a développé une gamme diversifiée de produits, y compris des eaux minérales, des boissons énergisantes, des thés et des jus de fruits pour répondre aux besoins variés des consommateurs.

- **Distribution mondiale :** Coca-Cola dispose d'un réseau de distribution mondial extrêmement étendu, ce qui lui permet de toucher un large public dans le monde entier.

- **Adaptation aux tendances du marché :** Coca-Cola a adapté ses produits en fonction des tendances du marché, notamment en offrant des options plus saines et en réduisant la teneur en sucre de certaines boissons.

- **Investissement dans la recherche et le développement :** Coca-Cola a investi dans la recherche et le développement pour développer de nouveaux produits et technologies, notamment des méthodes d'emballage innovantes.

- **Collaboration et partenariats :** Coca-Cola a conclu des partenariats stratégiques et des accords de distribution avec d'autres entreprises pour élargir son portefeuille de produits et atteindre de nouveaux marchés.

- **Responsabilité sociale d'entreprise :** Coca-Cola a mis en place des initiatives de responsabilité sociale d'entreprise pour promouvoir la durabilité, la protection de l'environnement et l'amélioration de la santé publique.

- **Adaptation aux préférences locales :** Coca-Cola a adapté ses produits et ses stratégies marketing en fonction des préférences locales et culturelles, ce qui lui a permis de mieux s'adapter aux différents marchés.

La combinaison d'une marque forte, d'une gamme diversifiée de produits, d'une distribution mondiale, d'une adaptation aux tendances du marché et d'investissements dans la recherche et le développement a permis à Coca-Cola de résister aux crises économiques et de maintenir sa position en tant que leader dans l'industrie des boissons non alcoolisées.

McDonald's a survécu et prospéré à travers des crises économiques :

Un autre exemple d'entreprise qui a survécu et prospéré à travers des crises économiques est McDonald's. McDonald's est devenue l'une des chaînes de restauration rapide les plus prospères et les plus emblématiques au monde.

Voici quelques raisons pour lesquelles McDonald's a réussi à résister aux crises économiques et à croître au fil des ans :

- **Modèle économique résilient :** McDonald's a un modèle économique basé sur la vente de produits abordables et rapides, ce qui les rend attrayants pour les consommateurs, même en période de récession. Les repas bon marché et la commodité sont souvent recherchés lorsque les budgets sont serrés.

- **Franchisage :** McDonald's a construit son empire en grande partie grâce au système de franchise. Les franchisés locaux investissent dans l'entreprise et gèrent les restaurants, ce qui permet à McDonald's de se développer rapidement tout en décentralisant la gestion. Pendant les crises, cette structure a permis de répartir les risques et d'impliquer les propriétaires locaux dans la gestion de crise.

- **Adaptation aux tendances :** McDonald's a su s'adapter aux tendances alimentaires changeantes et aux préoccupations des consommateurs. Ils ont élargi leur menu pour inclure des options plus saines et ont répondu aux préoccupations concernant la durabilité et la traçabilité des aliments.

- **Expansion internationale :** McDonald's a poursuivi une stratégie d'expansion mondiale, ce qui lui a permis de réduire sa dépendance à l'économie d'un seul pays. Avoir une présence internationale diversifiée a été un atout précieux pour résister aux chocs économiques nationaux.

- **Campagnes de marketing efficaces :** McDonald's est connu pour ses campagnes de marketing créatives et efficaces, qui ont contribué à maintenir sa notoriété et à attirer les clients, même pendant les périodes économiquement difficiles.

- **Recherche constante d'efficacité opérationnelle** : McDonald's a mis en place des systèmes opérationnels efficaces, tels que le système de préparation des aliments en flux tendu, qui a contribué à réduire les coûts tout en maintenant la qualité.

- **Responsabilité sociale d'entreprise** : McDonald's a également investi dans des initiatives de responsabilité sociale d'entreprise, ce qui lui a permis de renforcer sa réputation et de gagner la confiance des consommateurs.

Bien que McDonald's ait fait face à des critiques et à des défis au fil des ans, l'entreprise a réussi à s'adapter aux besoins changeants des consommateurs et à rester une force majeure dans l'industrie de la restauration rapide, même en période de crises économiques.

Son modèle économique résilient, son engagement envers l'innovation et sa capacité à s'adapter aux circonstances sont autant de facteurs qui ont contribué à sa réussite continue.

CONCLUSION

Voici quelques points communs et similitudes qui se dégagent des *success storys* d'entreprises que j'ai mentionnées :

- **Leadership visionnaire :** Dans chaque cas, un leadership visionnaire a été essentiel pour guider l'entreprise à travers des périodes économiques difficiles. Les dirigeants ont eu la capacité de prendre des décisions audacieuses et de tracer une nouvelle voie pour leur entreprise.

- **Innovation :** L'innovation a joué un rôle central dans le succès de ces entreprises. Chacune a introduit de nouvelles idées, produits ou services qui ont répondu aux besoins changeants du marché ou ont créé de nouveaux marchés.

- **Diversification :** La diversification des produits, des services ou des revenus a été un élément commun. Les entreprises ont cherché à élargir leur portefeuille pour atteindre de nouveaux marchés ou pour attirer une clientèle plus large.

- **Adaptabilité :** Les entreprises ont fait preuve d'adaptabilité en réponse aux circonstances économiques changeantes. Elles ont ajusté leurs stratégies, réduit les coûts, optimisé leurs opérations et répondu aux évolutions du marché.

- **Client au centre :** Le focus sur la satisfaction de la clientèle et l'offre de produits ou services de haute qualité ont été constants. Les entreprises ont cherché à maintenir la confiance de leurs clients et à répondre à leurs besoins.

- **Expansion :** L'expansion a été une stratégie fréquemment utilisée pour atteindre de nouveaux marchés et stimuler la croissance.

- **Gestion financière prudente :** Une gestion financière prudente a été un élément clé dans la gestion de la stabilité financière des entreprises en période de crise.

- **Responsabilité sociale** : Plusieurs des entreprises ont renforcé leur engagement envers la responsabilité sociale et environnementale, ce qui a contribué à renforcer leur image de marque et leur attractivité.

- **Culture d'entreprise forte :** Le renforcement d'une culture d'entreprise positive et d'un environnement de travail motivant a été un facteur de succès, incitant les employés à contribuer au redressement de l'entreprise.

Ces points communs illustrent comment des entreprises réussissent à surmonter des périodes économiques difficiles en adoptant des pratiques stratégiques qui mettent l'accent sur l'innovation, la diversification, l'adaptabilité et la satisfaction de la clientèle, tout en étant guidées par un leadership visionnaire.

Maintenant que vous avez ces preuves et tous les outils nécessaires (pas besoin de savoir faire la différence entre un marteau et un tournevis) ... foncez, vous y arriverez!

LE DERNIER MOT DE LA FIN

Fort de mon expérience entrepreneuriale, je suis conscient que l'incertitude du commencement et de la fin peut être une source d'appréhension. J'ai moi-même vécu ces émotions.

Mon conseil est simple : prenez un jour à la fois, posez-vous les bonnes questions, et donnez le meilleur de vous-même. Maintenir un état d'esprit positif, même dans les moments difficiles, et rester actif sont des clés essentielles. Entourez-vous de personnes positives, orientées vers le partage et les solutions. Ensemble, en communauté, nous avons le potentiel de nous entraider. Le succès individuel renforce notre nation, encourageons-nous mutuellement, apportons notre soutien de la manière la plus efficace possible.

Je vous souhaite une réussite exceptionnelle, pleine de chance et de prospérité.

PSST as-tu aimé ce livre? N'oublie pas de me laisser un 5 étoiles sur ton site d'achat! De toute façon, qui n'aime pas les étoiles?

Écoute mon balados Motivation Matinale ! Une dose de positivité matinale pour te motiver à devenir meilleur!

Pour en apprendre plus sur tout ce que je fais, visite www.karlmagnone.com

www.ingramcontent.com/pod-product-compliance
Lightning Source LLC
Chambersburg PA
CBHW050109230526
45470CB00004B/1744